BIANCA BART

Persönlichkeit mit Stil

Omnia vincit amor (Vergil 70-19 vor Chr.)

Impressum:

ISBN 3-89811-863-0

Alle Rechte liegen bei der Autorin
Edition ETHOS Conseil, Linsdorf 2000
E-Mail: ethos.conseil@iname.com
Fax: 00 33 / 3 89 07 36 06

Grafik und Gestaltung: Helga Stützenberger
Redaktion und Lektorat: Miriam Lambek
Herstellung: Libri Books on Demand

Bianca Bart

Persönlichkeit mit Stil

Durch sicheres Auftreten
zum persönlichen Erfolg

Edition ETHOS Conseil

Zu Beginn

**Umgangsformen,
Stil und Etikette,
oder ganz einfach angemessenes Verhalten
in jeder Situation.**

SO IN ETWA KÖNNTEN WEITERE ÜBERSCHRIFTEN für dieses Buch heißen, in dem ich Ihnen ein paar Tipps geben möchte, wie Sie sich in Situationen, welche Sie sonst vielleicht unsicher machen – natürlich und mit einem angemessenen Grad an Höflichkeit und Zuvorkommenheit bewegen können.

Bevor ich anfing, dieses Buch zu schreiben, las ich mit großer Begeisterung Bücher aus früheren Zeiten zu diesem Thema, ebenso wie neu erschienene Bücher. Es gab mehr davon, als ich eigentlich dachte, und mein Enthusiasmus, dieses kleine Buch zu schreiben, schwand im ersten Moment sehr schnell. Der Grund, weshalb ich mich doch dazu entschlossen habe war, dass ich kein Buch finden konnte, das klein genug war, um es überall mitzunehmen und gleichzeitig die mir wichtigsten Punkte beinhaltete.

Es gab noch einen anderen Grund - ich wollte in meinen Seminaren über Umgangsformen und Kommunikation, auf die vielen losen Blätter verzichten, welche früher oder später in der Tiefe einer Schublade verschwinden und kam so auf die Idee, meinen Seminarteilnehmern anstelle dieser, mein Buch zu überreichen.

Für diejenigen Leser, welche noch mehr und detailliertere allgemein gültige Regeln im Umgang mit anderen Menschen erfahren möchten, habe ich im Anhang dieses Buches weitere Buchempfehlungen angeführt.

Es ist für mich hier nicht das Hauptanliegen, Ihnen ein strenges protokollarisches Wissen zu vermitteln, sondern Ihnen aufzuzeigen, dass das Leben mit ein bisschen mehr Aufmerksamkeit dem Mitmenschen gegenüber – nicht nur im privaten, sondern vor allem im beruflichen Bereich – ein wichtiger Baustein für Ihre Karriere ist.

Lesen Sie dieses Buch und fügen Sie Ihrem anschließenden Tun und Handeln nach Regel und Form noch einen Schuss Liebe und Ehrlichkeit hinzu. Ich bin mir sicher, Sie werden schon bald die positive Aura um sich herum zu spüren bekommen.

Ich wünsche Ihnen viel Spaß beim Lesen und die Muße, ein bißchen mehr nach dem Motto zu leben:

Schenke ich Respekt und Aufmerksamkeit meinem Gegenüber, so wird auch mir mit mehr Respekt und Aufmerksamkeit begegnet.

Der erste Eindruck

> *„You never get a second chance for the first impression."*
>
> (Dale Carnegie)

WIR TREFFEN EINE PERSON das erste Mal und schon in den ersten Sekunden findet in unserem Kopf eine Beurteilung dieser Person statt. Der berühmte erste Eindruck. Viele kleine Informationen, die unser Gehirn in wenigen Sekunden aufnimmt. Sicher wird nicht jedes schiefe Haar auf dem Kopf ein wichtiges Kriterium sein, ob wir unser Gegenüber als sympathisch empfinden oder als eher unsympathisch. Es sind einige markante Punkte, die uns in unserer Beurteilung beeinflussen. Zum Beispiel wird ein gepflegtes bzw. ungepflegtes Äußeres sofort wahrgenommen, ebenso wie ein freundliches oder unfreundliches Gesicht und die Stimme des Gegenübers.

Denken Sie immer daran: In den ersten paar Sekunden entsteht ein Gesamteindruck, der sich später nur sehr schwer wieder korrigieren lässt.

Bitte vergessen Sie nie: Ein Lächeln tut Ihnen nicht weh, Ihrem Gegenüber jedoch sehr gut. Lächeln Sie nicht, weil Sie das Gefühl haben Sie müssten es tun, lächeln Sie, um anderen eine Freude zu machen. Sie werden sehen: Wer lächeln kann, dem wird auch gerne zurück gelächelt.

Willst du dich am
so mußt du das Ganze im

(Reimspruch Goethes)

Frisör

Achten Sie vor allem auf ein gepflegtes Äußeres: Saubere Kleidung, gute Körperpflege und gepflegte Hände sind ebenso wichtig, wie der regelmäßige Besuch bei einem guten Frisör (am Besten einer, der auch einmal Mut zur Veränderung macht).

Bekleidung

„Kleider machen Leute"- dies sollte auch für Sie gelten. Hier empfiehlt sich der Besuch eines Fachgeschäfts mit kompetenter Beratung (dieses etwas Mehr an Ausgaben ist sicher gut angelegt). Natürlich kann auch ein kritischer Freund hierbei sehr hilfreich sein.

Körperhaltung

Doch was nützt ein gut angezogener Mensch, der uns liebevoll anlächelt und dasteht wie ein Sack Kartoffeln? Also bitte: Die Beine sind da, um den Körper zu halten, nicht um sie zu verwickeln. Ärgern Sie sich nicht ständig über Ihren kleinen Bauch oder über Traummaße, die Sie noch nicht erreicht haben. Achten Sie auf Ihre Körperhaltung und Sie werden mit Freuden feststellen (vielleicht mit etwas Übung vor dem Spiegel), das sieht schon viel schlanker, Entschuldigung, ich meine natürlich, besser aus (mehr zum Thema Körperhaltung, ab S. 25).

Lassen Sie Ihren Kopf nicht hängen, wenn Sie nicht wollen, dass jeder Sie fragt, was denn gerade Schlimmes passiert sei. Tragen Sie ihn mit Würde, glauben Sie mir, gerade Ihrer ist etwas Besonderes, etwas Einzigartiges.

Ganzen erquicken, Kleinsten erblicken.

Und nun zu einem ganz wichtigen Punkt: unserer Stimme. Nicht jeder Mann hat diese angenehme, sich nach „Bär" anhörende, beruhigende Stimme. Auch nicht jede Frau hat das Glück, nicht zu piepsen, aber mit ein paar kontrollierten Atemübungen kann Frau und Mann etwas tun, damit genug Luft bleibt, den Satz fertig zu sprechen.

Stimme

„Schau mir in die Augen Kleines"- dieser Spruch ist uns wohl allen schon lange bekannt. Doch so manches Mal scheint er vergessen. Oder gar zu gut gemeint? Denken Sie daran: Schauen Sie Ihren Gesprächspartner an, dies ist ein Zeichen von Interesse. Ein aufmerksamer Blick, ein Lächeln im richtigen Augenblick (verbunden mit einer gesunden Körperhaltung), sind mit die wichtigsten Punkte für Ihren „ersten Auftritt".

Blickkontakt

Die Gestik

Hier wird der Unterschied zwischen den Menschen in Frankreich, in Italien und anderen südlichen Ländern, zu uns hier in Deutschland schnell klar, wenn man zu Beispiel den Ton am Fernsehgerät abdreht. Allein durch die Gestikulation eines Menschen, kann man ihn häufig einer bestimmten Volksgruppe zuordnen. Während bei uns Deutschen eher Zurückhaltung in Sachen Gestikulation herrscht, ist es in südlicheren Ländern ganz natürlich, das Gesagte stark mit den Händen und der Mimik zu unterstreichen.

Gestik/Mimik

Parfüm

Noch ein kleines aber sehr „feines" Thema:
Ihr Parfüm!

Nein, ich werde Ihnen jetzt nicht den neuesten Hit vorstellen und ich möchte auch nicht differenziert erklären, welches Parfüm Sie bei welchem Anlass tragen sollten. Es gibt eine kleine Regel, die zu beachten mir sehr wichtig erscheint. Das Parfüm sollte weder im Fahrstuhl, noch im Büro oder gar im Restaurant am Tisch seinen Platz haben. Es wird empfohlen, das Parfüm ungefähr eine Stunde vor einem wichtigen Termin, dezent auf die Haut aufzutragen (hinter das Ohrläppchen oder auf die Innenseite des Unterarmes und nicht, wie so oft gut gemeint, die ganze Kleidung einzusprühen). Dies gilt selbstverständlich auch für die Herren. Der Duft eines Menschen soll ein angenehmes Erlebnis sein und nicht mit dem Satz enden: „Ich kann sie/ihn nicht mehr riechen". Denken Sie also immer daran: Der Geruchssinn gehört zu den wachsten und empfindlichsten Sinnen aller Lebewesen.

Kleidung
für Beruf und für wichtige Anlässe

Kleider machen Leute.

(Deutsches Sprichwort)

BEIM KENNENLERNEN EINES MENSCHEN wird der erste Eindruck, den wir von ihm gewinnen, zu einem großen Teil durch seine äußere Erscheinung und sein Auftreten bestimmt. Überall und immer wieder kann der erste Eindruck über Sympathie und Antipathie ausschlaggebend sein. Der erste Eindruck ist sehr entscheidend für Ihre beruflichen und privaten Erfolge. Seien Sie kritisch mit sich selbst und achten Sie auf Ihr Äußeres, wenn Sie Wert auf einen „positiven ersten Eindruck" legen.

Wichtigste Voraussetzung, um der Kleiderfrage etwas näher zu kommen, ist zunächst die Klärung folgender Punkte:
Wo arbeite ich? Welche Vorschriften gibt es bezüglich der Kleiderordnung? Was ist zu tragen erwünscht?
Wie gelingt es mir, auch durch meine Kleidung Fachkompetenz und Souveränität zu vermitteln?

Die korrekte Kleidung des Herren, gibt es schon seit langer Zeit. Ob bei den Griechen, den Römern, ob im Barock oder in den Zwanzigern, dem edlen Herren war es schon immer wichtig, die passende Kleidung zum jeweils entsprechenden Anlass zu tragen.

Business-Anzug

Dabei hat sich in unserer Zeit der Business-Anzug als Zeichen von Seriosität und Kompetenz durchgesetzt.

Wie auch die Kleidung der Damen, hat sich der Anzug des Herren im Laufe der Jahrzehnte in Schnitt, Form und Farbe immer wieder geändert .

Für wichtige Anlässe, ob beruflich oder privat, gelten immer noch klassische Regeln.

Einladung offiziell

Was ziehe ich an, wenn ich eine wichtige Einladung zu einer offiziellen Veranstaltung oder einem Geschäftsessen erhalte?

Sind Sie eingeladen und es besteht noch Unsicherheit bezüglich der richtigen Garderobe? Falls der Kleiderwunsch in der Einladungskarte nicht genannt ist, ist es das Einfachste und das einzig Richtige: Fragen Sie nach, ob Anzug (selbstverständlich mit Krawatte) oder legere Freizeitkleidung erwünscht sind (es sei jedoch noch erwähnt, dass auch Freizeitkleidung in regelmäßigen Abständen nach „Hausgebrauch", Feiern und Berufsleben überprüft und sortiert werden sollte).

Freizeitbekleidung

Bei geschäftlichen Einladungen zum Essen ist es ein Unterschied, ob diese tagsüber oder am Abend stattfinden. Tagsüber können Sie Ihre Businesskleidung (einfarbiger Anzug oder Kombination) selbstverständlich anbehalten.

Erhalten Sie eine Einladung für den Abend, bei der auf dem Einladungsschreiben der Hinweis gegeben wird: „Abendgarderobe erwünscht", so wird im Normalfall ein einfarbiger, dunkler (dunkelblau/dunkelgrau - nicht schwarz, dies eignet sich eher für Trauerfälle) Anzug erwartet.

Abendgarderobe

Der Smoking

(Kurzform von engl. smoking jacket = Rauchjackett)
(engl. dinner jacket, amerikanisch = tuxedo)
Der Smoking, ein Abendanzug der seit dem späten
19. Jahrhundert von der Herrenwelt zunächst im
Rauchsalon (daher der Name), später in Restaurants und im Theater bevorzugt getragen wurde,
wird heute bei wichtigen offiziellen Anlässen am
Abend gerne gesehen.

Bei einem sehr festlichen Ereignis kann mit dem
Wort „Abendgarderobe" ebenfalls der Smoking gemeint sein. Eine Hochzeit ist übrigens bis heute die
einzige Ausnahme bei der der Smoking schon vor
19 Uhr getragen werden kann.

Steht auf Ihrer Einladung „cravate noire" oder
„black tie" ist damit nicht die schwarze Krawatte
gemeint, sondern ebenfalls der Smoking. Und wird
dieser auf einer Einladung ausdrücklich erwünscht,
sollten Sie diesem Wunsch auch entsprechen.

Der Smoking besteht aus einem einreihigen, selten
zweireihigen, schwarzen Rock mit tiefem Aus-
schnitt und seidenbelegtem Revers.
Die hierzu getragene ebenso schwarze Hose ist
grundsätzlich ohne Aufschlag, an den Seiten verlau-
fen die glänzenden Längsstreifen, „Galons" genannt.
Zum Smoking gehört entweder eine Weste oder der
Kummerbund. Das Smokinghemd ist weiß und je
nach Geschmack mit kleinen Fältchen (Biesen)
oder anderen dezenten Dekorationen erhältlich.
Dazu trägt man eine schwarze Krawattenschleife
(klassisch: dunkle Seidenschleife). Zum Smoking werden Lackschuhe oder schlichte schwarze Lederschuhe
getragen. Die Smokingjacke kann im Sommer auch in
weißem Leinen oder heller Seide getragen werden.

Smoking/Tuxedo

Cravate noire
Black tie

Der Cut

(auch Cutaway genannt = abgeschnittener Rock)
Der Cut ist der Nachfolger des um 1900 getragenen
Gehrockes. Er wird heute nur noch selten als offizieller Tagesgesellschaftsanzug zu großen feierlichen
Anlässen getragen.
Der Cut besteht aus einem relativ langen, schwarz-
en oder dunkelgrauschwarzen Herrenrock (Jacket),
dessen Schöße vorn schräg abgeschnitten sind. Zu
diesem Jacket wird eine grauschwarz gestreifte Hose ohne Umschlag getragen. Die Weste und Krawatte sind meist in hellgrau gehalten. Hierzu trägt man
ein weißes Hemd und einen grauen Zylinder. Ausnahmen sind Trauerfälle, hier wird der schwarze Zylinder mit einer schwarzen Weste und einer
schwarzen Krawatte kombiniert.

Der Stresemann

(offizieller Besuchsanzug; nach dem deutschen Politiker Gustav Stresemann, 1878-1929, benannt)
Der Stresemann verdrängte in den 1920er Jahren
weitgehend den Cutaway und wird heute nur noch
selten getragen. Der Stresemann besteht aus
schwarzgrau gestreifter, umschlagloser Hose, ein-
oder zweireihigem Sakko und grauer Weste. Dazu
wird ein weißes Hemd und eine graue Krawatte getragen.

Cut und Stresemann gehören zu den Anzügen, die
zu hochoffiziellen Anlässen „am Tag" getragen werden (z.B. bei Empfängen, Hochzeiten oder großen
Festreden).

Der Frack

(von engl. frock = Rock / ursprüngliche Bezeichnung für ein langes Mönchsgewand)

Der Frack, entstanden aus dem Rock, der anfangs aus
Bequemlichkeitsgründen vorn zurückgeschlagen und
später vorne kurz geschnitten wurde, kam aus England. Er war im 18. Jahr-
hundert als Reitrock der
englischen Uniform be-
kannt. Um die Mitte des
19. Jahrhunderts wurde
der Frack zum Abendan-
zug. Es war die Zeit, als
das Sakko von der Mode-
welt entdeckt wurde.

Der Frack ist der soge-
nannte „Große Abend-
anzug" des Herrn.

Frack

*Der Kellner hört
des Fremden Wort;
es saust der Frack,
schon eilt er fort!*

(Wilhelm Busch „Fromme Helene")

Er ist meist aus schwarzem Tuch, mit steigendem
Revers, das mit Seide belegt ist und hat einen Um-
legekragen. Vorne mit kurzen „Flügeln", hinten mit
Frackschoß. Zum Frack wird eine umschlaglose Hose, oft mit Seidentressen an den äußeren Längs-
nähten, ein weißes Hemd (mit Biesen) und eine
einreihige (selten zweireihige) tief ausgeschnitte-
ne, weiße Weste getragen. Die weiße gebundene
Schleife darf hier natürlich nicht fehlen.

Heute wird der Frack von Musikern größerer Orches-
ter, sowie von Kellnern gehobener Restaurants als Be-
rufsbekleidung getragen. In diesem Fall aber mit einer schwarzen Weste und einer schwarzen Schleife.

Die Damen haben es in der Kleiderfrage seit geraumer Zeit schon etwas einfacher, denn es gilt das
Motto: Schön ist, was gefällt - natürlich mit Geschmack und Stil. Deshalb bitte darauf achten:

Damenbekleidung

elegant/klassisch oder elegant/sportlich, mit den passenden Accessoires, dann liegen Sie immer richtig. Wählen Sie dezente Farben und stellen Sie Ihre Bekleidung so zusammen, dass Sie jederzeit etwas dazu kaufen können, um verschiedene Kleidungsstücke miteinander zu kombinieren.

Konfektionsgröße

Tragen Sie die Größe, die Ihnen wirklich passt, nicht die, die Sie sich schon lange wünschen. Zu enge oder aufreizende Bekleidung wirkt sich nicht gerade positiv auf Ihr eigentliches Können aus. Es lenkt ab und es wäre schade, wenn Sie aufgrund Ihres Ausschnittes und nicht aufgrund Ihrer Kompetenz eingestuft werden.

Kostüm

Hosenanzug

Ob es letztlich ein Kostüm (der Rock im Geschäftsleben sollte auf keinen Fall zu kurz sein - kniebedeckt!) oder ein schöner Hosenanzug ist, für den Sie sich entscheiden, liegt bei Ihnen, bei Ihrer Figur und nicht zuletzt an Ihrem Geschmack. Sie sollen sich sicher und vor allem wohl fühlen.

Management-Dress

Auf höchster Managementebene ist der Herr mit einem einfarbigen Anzug (dunkelblau, dunkelgrau) immer richtig beraten. Auch die passende Weste ist in diesem Bereich ein Zeichen der korrekten Kleidung.

Als Businessanzug bis zur mittleren Managerebene ist heute im Allgemeinen „die Kombination" überall akzeptiert. Achten Sie jedoch darauf, dass Sie nicht zu sehr den neuesten Modetrends unterliegen, da Sie ansonsten Ihr Outfit regelmäßig aussortieren müssen. Sie sind besser beraten, wenn Sie versuchen, einen eigenen Stil zu finden, mit dem Sie die Möglichkeit zu verschiedenen Kombinationen haben.

Es ist der Geist, der sich den Körper baut.

(aus Schillers Trauerspiel „Wallensteins Tod")

Bei der Auswahl eines Anzuges (ebenso beim Hemd) ist die Qualität des Stoffes sehr wichtig. Verzichten Sie auf Kunstfasern, da diese weder schön, noch lange tragbar sind.

Der Einreiher macht sich bei dem wohlproportionierten Herrn sehr gut, während beim etwas Fülligeren das Sakko mit drei Schließknöpfen die bessere Figur macht.

Einreiher/ Zweireiher

Beim Sitzen werden die Knöpfe des Einreihers immer geöffnet (beim Zweireiher ist dies kein Muss, wird aber ebenso empfohlen), beim Stehen und Gehen bleiben die Knöpfe geschlossen.

Bei der Auswahl Ihres Anzuges ist ein perfekter Sitz und ein Ihrer Figur entsprechender Schnitt sehr wichtig. Die Ärmel sollten weder zu lang noch zu kurz sein, sondern genau bis zum Handgelenk reichen. Die Rücken-, bzw. Seitenschlitze dürfen bei geschlossenem Sakko nicht gedehnt sein oder gar spannen. Die Hosenlänge endet vorne knapp über den Schuhen und ist hinten etwas länger.
Haben Sie sich für einen Anzug entschieden und auch schon die passenden Schuhe dabei, nehmen Sie bei Bedarf, den Änderungsservice des Bekleidungsgeschäftes in Anspruch.

Herrenanzug

Sie sollten erst dann Ihren „neuen Anzug" mit nach Hause nehmen, wenn Sie sich wohl fühlen und er Ihnen das Gefühl des „gewissen Etwas" vermittelt. Als gepflegter, gut bekleideter und selbstbewusster Mann, werden Sie nicht nur in der Damenwelt einen guten Stand haben, sondern auch in der Geschäftswelt wird jeder erkennen wie wichtig Ihnen Ihre Arbeit und die Identifikation mit dieser ist.

Man empfängt den Mann nach dem Kleide und entlässt ihn nach dem Verstande

(Deutsches Sprichwort)

Krawatte/Schal

Ob die Krawatte des Mannes oder der Schal/das Tuch der Frau: Sie sollten farblich mit der Kleidung harmonieren, den eigenen Typ unterstreichen und modisch sein. Vermeiden Sie schrille Farben (auf Schal, bzw. Krawatte), die das Gesicht leicht verblassen lassen ebenso wie kitschige Aufdrucke. Achtung meine Herren, denken Sie daran: Die Krawattenspitze sollte am Gürtel enden, und nehmen Sie sich die Zeit, die Sie für einen perfekten Krawattenknoten brauchen. Binden Sie Ihre Krawatte nicht so eng, dass der Knoten nach oben zeigt, bzw. Sie mit der Zeit womöglich einen roten Kopf bekommen.

> *Auf leisen Sohlen wandeln die Schönheit, das wahre Glück und das echte Heldentum*
>
> (Wilhelm Raabe)

Krawattennadel

Ist Ihre Arbeit nicht nur auf den Innendienst beschränkt, sondern müssen Sie zu Ihrer Kundschaft auch nach draußen, dann achten Sie darauf, dass Ihre Krawatte mit Hilfe einer dezenten Nadel festgehalten wird. Sie können diese in jedem Fachgeschäft für Herrenbekleidung finden.

Konfektionsgröße

Ob Frau oder Mann, alles was neu gekauft wurde, sollte vor einem wichtigen Termin erst einmal zu Hause oder z.B. bei einer privaten Party Probe getragen werden. Denn es gibt nichts Unangenehmeres, als bei einem wichtigen Termin plötzlich zu merken, dass das Hemd eine Halsnummer zu eng ist oder der Waschzettel in der Bluse sich langsam aber sicher in die Haut kratzt.

Achten Sie beim Einkauf darauf, dass Sie mit Ihrem neu erstandenen Outfit nicht nur stehen und gehen, sondern auch sitzen können sollten. Nehmen Sie sich die Zeit und Ruhe, die Sie wirklich brauchen. Überlegen Sie sich schon vor dem Einkaufen gut: Was habe ich schon zu Hause? Womit kann ich kombinieren? Schreiben Sie sich einen kleinen Notizzettel, es passiert bei der großen Auswahl, die es heute gibt schnell, das Wichtigste zu vergessen.

Erinnern Sie sich an das letzte Einkaufserlebnis? Haben Sie an Ihre Beinbekleidung gedacht? Ich meine hier zum einen die Strümpfe der Damen (die Notfall-Strümpfe für die Handtasche) und zum anderen die neuen Schuhe zum neuen Outfit (wobei nach meinen Erfahrungen die Damen recht wenig Probleme haben, die jeweils passenden Schuhe zu finden).

Damenstrümpfe

Schuhkauf

Bei den Herren ist er noch öfters anzutreffen: Der „über alles geliebte, gut eingelaufene Tausend-Meilen-Schuh". Also denken Sie daran, Ihre Füße freuen sich über etwas mehr Aufmerksamkeit. Der Schuhkauf sollte, nachdem Sie Ihr neues Outfit erstanden haben, folgen. Somit ist gewährleistet, dass beides sowohl von der Form als auch der Farbe harmoniert.

Die Strümpfe der Herren sind ein weiteres heikles Thema und damit immer wieder in Verbindung gebracht sind die so heiß und innig geliebten Tennissocken (in weiß, versteht sich von selbst). Ich persönlich habe keine Probleme mit Tennissocken, zumindest im privaten und sportlichen Bereich nicht. Zu offiziellen Anlässen gibt es die Empfehlung: keine kurzen Socken sondern Kniestrümpfe, in einem zum Anzug oder der Hose passenden Farbton (immer eine Nuance dunkler).

Herrenstrümpfe

Der Gürtel

Gürtel

Der Gürtel ist das wichtigste Accessoire zu Hose und Rock. Er sollte aus Leder und in Farbe und Größe eher dezent sein. Farblich muß er mit den Schuhen (natürlich auch mit Ihrer Kleidung) harmonieren. Der Gürtel ist eine Nuance dunkler als die Hose bzw. der Rock.

Brille

Etwas liegt mir noch am Herzen, das heutzutage fast jeder Zweite auf der Nase trägt: Die Brille!

Im Gegensatz zu früher verfügen wir heute über eine sehr große Auswahl. Hier ist meine Empfehlung (nicht nur wegen der besseren Sicht), gehen Sie zu einem Optiker, der sich Zeit nimmt, Sie ausführlich zu beraten. Trauen Sie sich ruhig eine Veränderung zu. Vielleicht einmal eine neue Farbe. Brauchen Sie die Brille hauptsächlich für den Beruf, dann lassen Sie Ihr Kostüm oder Ihren Anzug bei der Auswahl nicht zu Hause. Eine sportliche Brille harmoniert mit einer Jeanshose und dem Lieblings T-Shirt mehr als mit dem Kostüm oder Anzug. Und vergessen Sie nicht Ihren guten Freund mitzunehmen, bei der letzten Entscheidung ist dies sicher von Vorteil.

P.S.

Die Mühe, sich täglich um sein Äußeres zu kümmern, lohnt sich. Das erhaltene Selbstbewusstsein, das gute Gefühl und die innere Sicherheit und nicht zuletzt die positive Wirkung auf Ihre Gesundheit, sollten Grund genug sein, Ihr Inneres und Äußeres zu pflegen.

Körper
Haltung

DIE KÖRPERHALTUNG EINES MENSCHEN ist ein sehr wichtiges Element der Kommunikation. Unsere Körperhaltung unterstreicht das Gesagte in jeder Beziehung. Um dies einfacher zu erklären, möchte ich hier bewusst auf Studienergebnisse und Prozentzahlen verzichten, und Ihnen lieber ein paar anschauliche Beispiele aus dem Leben geben. Ebenso einige Übungen, wie Sie Ihre Körperhaltung verbessern können bzw. lernen darauf zu achten, dass diese der Situation angepasst ist.

Ob beim Stehen, Gehen, Sitzen, durch die Körperhaltung setzen Sie Ihrem Gegenüber Signale – bewusste und unbewusste.

Reden Sie nur von Dingen, hinter denen Sie auch stehen, welche Sie auch verantworten können und über die Sie sich vorher gut informiert haben. Seien Sie die Person, die Sie sind, verstellen Sie sich nicht, denn früher oder später werden Sie sonst Probleme bekommen.

P.S.

Die Körperhaltung im Stehen

Körperhaltung

Schauen Sie sich eimal kritisch ein paar alte Fotos an, auf denen Sie stehend zu sehen sind. Wie ist Ihre Haltung? Stehen Sie gerade? Wirken Sie auf den Bildern so, wie Sie sich eine selbstbewusste, erfolgreiche und dynamische Person vörstellen? Wenn nicht, dann gilt es etwas fürs Image zu tun.

Übung

Stellen Sie sich vor einen großen Spiegel, die Beine stehen in Schulterbreite auseinander. Wenn Sie sicher sind, dass Sie so ruhig und sicher stehen, wäre der erste Schritt schon getan.

Jetzt nehmen Sie die Schulter weit nach oben (in Richtung Ohren) und lassen Sie sie wieder nach unten fallen. Lassen Sie Ihre Arme locker an der Seite hängen.

Halten Sie Ihren Kopf aufrecht und sagen Sie laut und deutlich in den Spiegel: „Mein Name ist Sabine/ Markus König (natürlich den Ihrigen) und mir geht es heute unendlich gut!!!"

Machen Sie diese Übung ruhig öfters vor wichtigen Terminen oder an Tagen mit schlechter Laune. Es muss dann kein Spiegel mehr vorhanden sein, Sie können Ihren Text in Gedanken laut und deutlich denken!

Lächeln ist bei dieser Übung erwünscht.

Gehen

Die Körperhaltung beim Gehen:

Wenn wir im Fernsehen die Models auf dem Laufsteg sehen, kommt uns diese Art des Gehens, würden wir sie nachahmen, doch etwas zu künstlich vor. Trotzdem ist das aufrechte Dahinschreiten sehr beeindruckend.

Denken Sie an die Tanzmeisterschaften, an das Ballett - es ist die ganze Art der Bewegung, die Ästhetik, die Art und Weise wie diese Menschen gelernt haben Ihren Körper zu bewegen, die uns immer aufs Neue fasziniert.

Keine Angst, wenn Sie nicht zu den Menschen gehören, die eine solche Ausbildung genossen haben, brauchen sie nicht zu verzweifeln. Es gibt kleine Übungen, um Ihre Gangart in die richtigen Wege zu leiten.

Reiz ist Schönheit in Bewegung

(G. E. Lessing „Laokoon")

26

Achten Sie auf eine gerade Körperhaltung, den Kopf etwas höher als Sie es ansonsten vielleicht gewohnt sind (nicht misszuverstehen mit dem so wohl bekannten Hans guck in die Luft)

Mit den Schuhen zu schlurfen oder gar den Schritt eines Riesen nachzuahmen, sieht nicht sonderlich gut aus, bitte achten Sie auf einen gleichmäßigen, aufrechten Gang.

Der sonst so hilfreiche Blick in den Spiegel zu Hause ist beim Gehen etwas schwierig. Um sich selbst zu kontrollieren, gibt es die Möglichkeit, unbemerkt in die Schaufenster oder die großen Spiegel der Warenhäuser zu schauen.

Befragen Sie andere, wie es um Ihren Gang steht und wie dieser auf den Befragten wirkt.

Üben Sie ruhig ein bisschen übertrieben einen eleganten, dynamischen Schritt, denn auch hier kann viel Aussage über Ihre Lebens- und Arbeitsauffassung gemacht werden.
Wie kann ich einen eleganten Schritt üben, werden Sie sich jetzt vielleicht fragen. Keine Bange, dies ist gar nicht so kompliziert:
Nehmen Sie ein langes Seil oder malen Sie einen lan-   Übung
gen Strich mit einer Kreide auf den Boden. Haben Sie
Fließen-, oder Parkettboden zu Verfügung brauchen
Sie diese Hilfsmittel nicht. Stellen Sie sich am Anfang
der Linie aufrecht hin und versuchen nun so gerade
wie möglich (Schulter gerade, Kopf angehoben) bis
an das Ende dieses vorgelegten Weges zu gehen. Ihre
Arme bewegen sich immer parallel zu Ihren Beinen
(linkes Bein nach vorne, rechter Arm nach vorne und
rechtes Bein nach vorne, linker Arm geht mit). Wor-
auf Sie bei dieser Übung achten sollten:

Gerader Rücken, Schulter etwas zurück.
Beine nicht zu weit auseinander und keine zu großen Schritte.
Fixieren Sie mit Ihren Augen einen Punkt in Augenhöhe, so dass Ihr Kopf immer angenehm aufrecht ist.
Die Arme gehen dezent mit, also keinen Soldaten imitieren.

Diese Übung benötigt selbstverständlich etwas Humor, was im Ernstfall dann in „echten Charme" übergehen sollte.

Sitzen

Die Körperhaltung beim Sitzen

Es ist wichtig, sich in allen Lebenslagen an eine korrekte und entspannte Körperhaltung zu gewöhnen. Vor allem für unsere Wirbelsäule und unsere Bandscheiben ist es eine große Entlastung, wenn Sie es sich angewöhnen, immer gerade zu sitzen.
Heute haben Sie die Möglichkeit, Ihr Büroinventar so zu kaufen, dass Ihnen eine gute, gesunde Sitzposition sicher ist. Dennoch scheint es mir in der heutigen Zeit der Büro- und Computerarbeiten sehr wichtig, vermehrt unsere Aufmerksamkeit auf den Rücken zu richten.

Es ist nicht jedermanns Sache ins Fitnessstudio zu gehen, um die Rückenmuskulatur zu stärken, schon aus Zeitgründen ist dies für viele von uns nicht möglich.

Hierzu wieder ein paar kleine Übungen, (stressfrei und ohne Schweißausbrüche mehrmals täglich anwendbar) welche auf jedem (Büro-) Stuhl durchzuführen sind.

Setzen Sie sich auf den vorderen Teil des Stuhles. Die Beine sind im rechten Winkel, die Füße fest auf dem Boden. Legen Sie Ihre Hände (mit den Handinnenflächen nach oben) auf die Oberschenkel und halten Sie Ihren Oberkörper ganz aufrecht. Fixieren Sie nun einen Punkt in Augenhöhe und bleiben Sie in dieser Stellung für ein bis zwei Minuten.

Achten Sie hierbei bewusst auf Ihre Atmung. Diese sollte gleichmäßig und ruhig bis in den Bauch (nicht zu tief einatmen) gehen.

Wiederholen Sie diese Übung täglich mehrere Male. Gönnen Sie sich diese Minuten, auch um Ihrer Kreativität Willen.

Übung

Bleiben Sie in der Sitzposition wie in Übung eins beschrieben und nehmen Sie Ihre Hände hinter den Kopf. Ziehen Sie die Ellenbogen so weit es geht auseinander.

Drehen Sie jetzt Ihren Oberkörper langsam nach links, ruhig atmen, und anschließend nach rechts, atmen, wieder zur Mitte, atmen. Bringen Sie die Hände langsam zurück auf die Oberschenkel. Schulter locker hängen lassen.

Wiederholen Sie diese Übung so oft es Ihnen möglich ist und integrieren Sie sie in Ihrer Arbeit im Büro.

Übung

Diese ist die sicher am meisten geliebte Übung und für jeden leicht zu machen: Machen Sie das Fenster weit auf (denken Sie auch sonst an genügend frische Luft) stehen Sie so, dass Sie genügend Platz haben. Strecken Sie sich nach allen Seiten und Richtungen mit viel Kraft und Energie (übrigens: Gähnen ist bei dieser Übung erwünscht, es steigert die Sauerstoffzufuhr). Anschließend die Arme und Beine etwas ausschütteln und die Übung wiederholen. Rollen Sie Ihren Kopf, langsam von vorne über die rechte Schulter nach hinten und über die linke nach vorne (und umgekehrt), um Ihre Nackenmuskulatur zu lockern.

Jede Übung, hat nur dann einen Sinn, wenn sie in regelmäßigen Abständen wiederholt wird. Ich habe hier sehr einfache Übungen aufgeschrieben, welche leicht zu merken sind und die Sie überall durchführen können.

Die Haltung der Beine beim Sitzen

Es erübrigt sich zu sagen, dass das Umwickeln eines Beines um das andere oder gar der Stuhlbeine, weder gesund noch schön ist.

Bei längeren Sitzungen sollten Sie Ihre Beine möglichst gerade vor sich stehen lassen. So wird eine gute Durchblutung gewährleistet (Ihr Kopf wird es Ihnen danken). Dies ist übrigens auch für Frauen zu empfehlen, die es gewohnt sind die Beine ständig übereinander zu schlagen.

Die Damen mit Kleid oder Rock haben es bei dieser Sitzposition in bezug auf eventuelle Einsichten womöglich schwieriger. Hier empfiehlt sich das

Übereinanderschlagen der Beine (wobei ein Bein gerade auf dem Boden steht). Bitte im regelmäßigen Wechsel, um die Durchblutung zu gewährleisten. Es gibt nichts Unangenehmeres als eingeschlafene Extremitäten.

Zusammenfassung: Achten Sie immer auf Ihre Haltung beim Sitzen, auch wenn Sie sich anlehnen können. Denken Sie an Ihre Wirbelsäule und Ihre Nackenmuskulatur, machen Sie sich ihrer Körperhaltung bewusst.

P.S.

Anfangen ist leicht, Beharren ist Kunst.

(Deutsches Sprichwort)

Die Gestik

VIELE GROSSE, aus der Geschichte bekannte Persönlichkeiten, haben es bereits früher sehr gut verstanden, ihre Gestik gekonnt einzusetzen. Doch den wenigsten Menschen ist dies schon in die Wiege gelegt worden. Die meisten großen Redner haben für diesen wichtigen Part die nötige Schulung erhalten. Wir vergleichen z.B. einen Bekannten der von seinem letzten Urlaub etwas erzählt mit einem Nachrichtensprecher. Es ist sehr einfach, den Unterschied festzustellen. Erzählen wir jemandem von unseren eigenen Erlebnissen, bedarf es keinerlei Schulung in Bezug auf eine natürliche, das Wort unterstreichende, Gestik.

Gestik

Müssen wir nun aber vor einem unbekannten Publikum, einen Vortrag halten, werden wir entweder zum bewegungslosen Nachrichtensprecher oder der Kugelschreiber in der Hand tickt unentwegt.

Rede halten

Beobachten Sie in nächster Zeit öfters Politiker, wenn diese eine Rede halten. Was kommt an? Was unterstreicht das Gesagte besonders? Und im Vergleich: Wie reden wir? Können wir andere Personen motivieren? Die Gestik ist ein wichtiges Mittel in der Überzeugung, ebenso wie in der Motivation.

Übung

Halten Sie vor dem Spiegel eine kleine Rede (z.B. Geburtstag, Bekannte/Verwandte). Sie begrüßen die Gäste und bedanken sich für ihr Kommen.... Schauen Sie hierbei Ihre Hände an. Sind diese locker und beweglich?

Achten Sie darauf: Halten Sie sich nicht die ganze Zeit an einem Kugelschreiber etc. fest. Spielen Sie nicht ständig am Ring oder der Kette... Dies ist nicht nur ein Zeichen für Unsicherheit, sondern lenkt den Zuhörer auch sehr schnell ab, Ihre Worte aufzunehmen, Ihnen zuzuhören.

Tipp

Unterstreichen Sie das Gesagte mit den Händen. Benutzen Sie z.B. bei der Aufzählung von Dingen die Finger („Es gab eins, zwei, nein sogar drei sehr gut erarbeitete Projekte...."). In diesem Moment werden dem Zuhörer die Zahl drei, in Wort und Bild gegeben und somit viel einfacher im Gedächtnis bleiben.

Beim Beschreiben von Gegenständen wie „groß, dick, klein, ..." ist es auch sehr sinnvoll, dies mit den Händen zu beschreiben. Dies ist für den Zuhörer eine Hilfe, sich das Gesagte besser vorstellen zu können (machen Sie jedoch aus einer Mücke keinen Elefanten, sonst werden Sie schnell unglaubwürdig).

Ebenso können Sie Wörtern wie „unser, ihr, mein, dein..." mit einer klaren, deutlichen Gestik große Bedeutung zukommen lassen.

Es gibt so vieles, was Sie mit Ihren Händen unterstreichen können, ohne gleich als ein wild gestikulierendes Etwas angesehen zu werden.
Benutzen Sie Ihre Hände, sie gehören zu Ihnen.
Lernen Sie Ihre Hände so bewusst zu benützen wie Ihre Wörter, dann werden Sie schon bald viele Menschen motivieren können, Ihren Plan zu verfolgen.

Unser Gesicht
Die Mimik

DAS GESICHT MEINES GEGENÜBERS sagt mir viel über ihn selbst, aber auch einiges über seine Einstellung zu mir. Es gibt viele verschiedene Deutungsmöglichkeiten, von der hochgezogenen Augenbraue bis hin zum Zusammenkneifen der Augen oder gar dem geöffneten Mund. Ich möchte hier nicht auf die eventuellen, einzelnen Bedeutungen eingehen. Ich möchte Ihnen ein paar Tipps geben, auf was Sie bei wichtigen Gesprächen konkret achten sollten.

Fast jeder von uns hat irgend einen kleinen Tick. Solange dieser nicht zu auffällig ist und in wichtigen Augenblicken einigermaßen im Zaum gehalten werden kann, ist dies nicht weiter von Bedeutung. Doch meist kommen diese Eigenarten aber gerade in Momenten der großen geistigen Anspannung, bzw. bei großer Konzentration erst richtig zum Vorschein. Hierbei ist es natürlich zuallererst sehr wichtig, dass wir diese Eigenarten (er)kennen (vielleicht durch Fotos, Filme oder Freunde).

Beispiel

Meine Freundin ist seit längerer Zeit in einer renommierten Computerfirma tätig. Sie hatte die Angewohnheit, bei erhöhter Konzentration ihre Augen zusammenzukneifen, als ob ein Kurzsichtiger ohne Brille am Himmel einen Stern suchte.

Sie wurde schon vor mehreren Jahren von verschiedenen Leuten darauf angesprochen und konsultierte daraufhin mehrmals den Augenarzt. Das Ergebnis war: Jeder Arztbesuch bescheinigte ihr eine tadellose Sehkraft.

Nun stellen Sie sich vor, meine Freundin steht vor Ihnen und hört Ihnen auf diese Art zu, wenn Sie Ihr vom neuesten Computerproblem erzählen, um dieses im Anschluss zu bereinigen. Sie werden sich (ob bewusst oder unbewusst) schon im Laufe dieses Gespräches fragen, ob diese Dame überhaupt versteht, von was Sie reden.

Sie sehen also, es ist sehr wichtig zu wissen, wie man in bestimmten Situationen auf seine Mitmenschen wirkt. Meine Freundin hat durch das Erkennen und durch kritische Eigenbeobachtung diesen kleinen „Tick" heute gut im Griff.

Fragen Sie gute Freunde inwieweit Sie Grimassen schneiden, und wenn ja, in welchen Momenten. Versuchen Sie bewusst, diese zu vermeiden, um somit Missverständnisse auszuschließen.

Tipp

Um auch morgens etwas frischer auszusehen, verzichten Sie auf Ihr sonst übliches warmes Wasser und waschen Sie Ihr Gesicht mit sehr kaltem Wasser (nach ganz langen Nächten und wenig Schlaf, kann auch ein durch Eiswasser gezogener Waschlappen, für zwei bis drei Minuten auf das Gesicht gelegt, Wunder wirken). Sie fühlen sich fit, sehen besser aus und dies wird auch von anderen mit Freuden zur Kenntnis genommen.

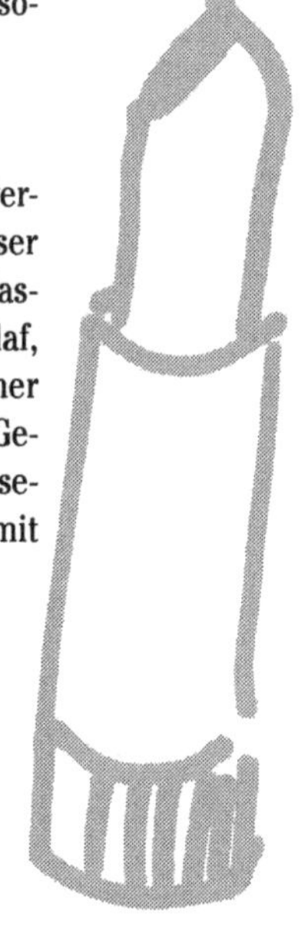

Hautprobleme

Gesichtspflege ist sehr wichtig, und wenn Sie Probleme mit Ihrer Haut haben, dann gönnen Sie sich ruhig öfters einmal einen Besuch bei der Kosmetikerin (selbstverständlich auch die Herren).

Make up

Bezüglich der Schminkgewohnheiten sollten sich die Damen an das Motto: „Weniger ist mehr" halten. Achten Sie auf harmonische, dezente Farben, und denken Sie immer an das Tageslicht. Ein kleiner Handspiegel kann hier sehr hilfreich sein.

P.S.

Versuchen Sie trotz allem Stress, nicht zu vergessen: Genügend Schlaf, jeden Tag einen kleinen Spaziergang an der frischen Luft und vor allem, eine ausgewogene gesunde Ernährung. Ihr Körper und Ihr Gesicht, werden es Ihnen danken.

Das Wichtigste überhaupt: Ihr Lächeln!
Ob Frau oder Mann, jeder von uns genießt es, von einem lieben Menschen ein Lächeln zu bekommen. Ein Lächeln erhalten wir hauptsächlich dann, wenn auch wir lächeln. Halten Sie sich nicht zurück mit Ihrem charmanten Lächeln, es sei denn es ist nicht ehrlich gemeint.

Lernen Sie Ihr Gesicht, Ihren ganzen Körper, zu akzeptieren und suchen Sie nicht ständig nach irgendwelchen Makeln. Gerade die markanten Züge machen die Persönlichkeit eines Menschen aus und es gibt wahrscheinlich mehr Menschen, als Sie denken, die gerade Ihre große Nase so aufregend finden. Es ist wie bei den wirklich großen Schauspielern, es ist „das Gesicht" gefragt - keine Kopie.

Der Mund

DER MUND IST EIN WICHTIGES ELEMENT in der Kommunikation. Die regelmäßige Pflege der Zähne (vor allem bei Rauchern oder bei Menschen mit nervösem Magen) sollte für alle selbstverständlich sein. Für diejenigen, die viel unterwegs sind, gibt es kleine handliche Zahnbürsten, Pfefferminzbonbons etc., die in jeder Jackentasche Ihren Platz finden.

Das mag die beste Musik sein, wenn Herz und Mund stimmt überein.

(Deutsches Sprichwort)

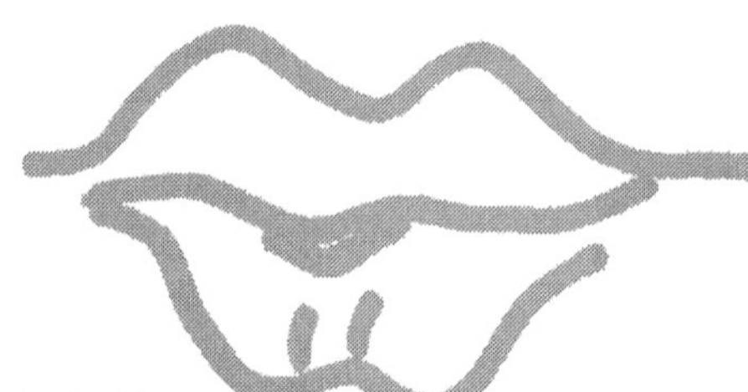

Vor allem in den Wintermonaten ist die Lippenpflege von Bedeutung. Benützen Sie hin und wieder eine Lippencreme oder ein Lippenbalsam. Es ist die Pflege, nicht die Farbe, die einen schönen Mund ausmacht.

Lippenpflege

Tipp für die Frau

Tragen Sie Ihren Lippenstift sauber auf und pudern Sie Ihre Lippen anschließend mit Ihrem Gesichtspuder. Nun kommt der zweite Anstrich. Dadurch hält Ihr Lippenstift wesentlich länger.

Lippenstift

Für die Damen wird empfohlen: Dezente, bis transparente, natürliche Farbtöne (Erdtöne), mehr ein Betonen der Lippen, nicht ein Überpinseln. Der große Vorteil ist, dass auch nach einer längeren Sitzung die Lippen nicht unnatürlich oder gar bröselig wirken.

Immer wieder ist zu beobachten, dass es Leute gibt, die mit dem Mund zuhören. Halten Sie die Augen offen, den Mund jedoch geschlossen, es sei denn Sie sprechen gerade.

P.S. Bitte lassen Sie sich nicht in Kleidung zwängen, in der Sie sich nicht wohl fühlen.

Nehmen Sie sich an, wie Sie sind.
Denken Sie immer daran, Ihren Typ zu unterstreichen, nicht einen anderen zu kopieren.

Kritik ist nicht etwas, worüber Sie sich lange ärgern sollten. Nehmen Sie Kritik als Chance zu sehen wie andere Sie sehen. Und entscheiden Sie nach guter Überlegung selbst, ob die Kritik vielleicht sogar hilfreich sein kann.

Haben Sie Mut zu neuen Farben, modernen Haarschnitten oder wechselnden Outfits. Probieren Sie ruhig öfter etwas Neues. Es gibt nichts langweiligeres, als zwanzig Jahre gleich auszusehen.

*Denkt er
ewig sich
in's Rechte,
ist er ewig
schön und
groß.*

(Goethe)

Die Stimme

VIELLEICHT WERDEN SIE JETZT SAGEN:„ Die Stimme ist wie sie ist, was soll ich da groß verändern oder gar beeinflussen können?". Im Prinzip haben Sie recht, aber nicht ganz.

Es ist immer möglich, auf etwas positiv einzuwirken und das können Sie auch bei Ihrer Stimme. Wichtig ist das Erkennen dessen was verändert bzw. verbessert werden kann.

Haben Sie vielleicht eine monotone Stimme? Machen Sie bitte folgenden Test, der ohne großen Aufwand möglich ist.

Lesen Sie zwei oder mehreren Kindern egal ob ihren eigenen oder aus der Verwandt- und Bekanntschaft eine Geschichte vor und versuchen Sie hier sehr übertrieben zu betonen. Spielen Sie mit Ihrer Stimme und benutzen Sie Ihre ganze Bandbreite von tiefen bis hohen Tönen. Sie werden schnell sehen, je mehr Sie betonen, Pausen machen, Ihre Mimik und Gestik einbringen, um so länger werden Ihnen Ihre Zuhörer treu bleiben. Sind Sie jedoch zu monoton, werden Ihnen die Kinder schnell – und ohne Pardon zeigen, was sie von Ihrer Vorlesekunst halten.

C'est le ton qui fait la musique.

(französisches Sprichwort: Der Ton macht die Musik)

Übung

Ah, die Natur schuf mich im Grimme!
Sie gab mir nichts als eine schöne Stimme.

(Matthias Claudius)

Übung

Haben Sie diese Vorleseübung mit Erfolg bestanden (ruhig öfters testen), versuchen Sie es erneut, jedoch ohne abzulesen. Erzählen Sie eine Ihnen bekannte Geschichte. Hierbei haben Sie nun die Möglichkeit

Gestik/Mimik

sich noch mehr auf Ihre Gestik und Mimik zu konzentrieren.
Und wieder können Sie sofort das Ergebnis sehen, schauen Sie den Kindern in die Augen.

Es werden vielleicht einige von Ihnen sagen: „So eine Geschichte erzählen für Kinder, das ist für mich kein Problem, aber in meinem Job geht es um viel Wichtigeres!". Dies möchte ich auf keinen Fall in Frage stellen, der Inhalt ist sicher ein anderer. Trotzdem ist es eine Möglichkeit, ohne großes Aufsehen und ohne große finanzielle, zeitliche Verluste zu sehen: Wie komme ich an?

Motivation

Kinder sind ein sehr kritisches Publikum und wer es schafft, Kinder für etwas zu begeistern, der wird auch keine Probleme haben, seine Mitarbeiter für etwas Neues zu motivieren.

Es kommt nicht selten vor, dass Ihre Stimme auch einmal versagen kann, und dies nicht nur krankheitsbedingt. Bekannte Sprüche wie: „Da blieb mir glatt die Luft weg" oder: „Da verschlug es mir die Sprache", sind sehr gebräuchliche Redewendungen, die die jeweilige Lage gut beschreiben. Solche Situationen treten meistens dann ein, wenn wir sie am wenigsten gebrauchen können.

Wenn Sie eine sehr wichtige Mitteilung zu machen haben, eine Rede halten müssen oder eine wichtige Besprechung leiten sollen, machen Sie zehn Minuten vorher eine Pause.

Rede halten

Wenn möglich richten Sie es so ein, dass Sie nicht gestört werden. Legen Sie sich kurz hin oder setzen Sie sich auf einen bequemen Stuhl. Schließen Sie für ein paar Minuten die Augen und versuchen Sie mit Ihren Gedanken, eine Blitzreise an den letzten schönen Urlaubsort zu machen (bei dieser Übung liegt der Erfolg in der Wiederholung).

Übung

Anschließend stehen Sie auf und strecken sich so richtig aus, schütteln Ihre Beine und Arme und dehnen Sie sich. Stellen Sie sich aufrecht hin und beginnen dann mit Ihrer Begrüßung, so wie Sie diese später auch Ihren Zuhörern vortragen möchten.

Achten Sie hierbei auf folgende Punkte: langsam, klar, deutlich und freundlich! (Bitte nur einmal „üben")

Sprech-geschwindigkeit

Das Schlimmste vor wichtigen Reden ist die Hektik und die Anspannung kurz davor. Nehmen Sie sich ein paar Minuten vor dem Vortrag Zeit, konzentrieren Sie sich atmen Sie ruhig und tief durch und versuchen Sie sich zu sammeln.
Sind Sie ruhig und konzentriert wirkt sich dies positiv auf Ihre Stimme aus. Ihrem Gegenüber wird somit Professionalität, Selbstsicherheit und Stärke übermittelt.

Denken Sie außerdem immer an Ihre Atmung. Je oberflächlicher Ihre Atmung ist, desto dünner und ausdrucksloser ist Ihre Stimme. Gleichmäßiger, ruhiger Atem gibt Ihrer Stimme mehr Ausdruck und Kraft.

Atemtechnik

Übung

Legen Sie sich rücklings auf den Boden, die Hände auf den Bauch. Spüren Sie den Atem wie er in Ihren Bauch strömt? Diese Atmung wird die Zwerchfellatmung genannt, wirkt beruhigend und fördert gleichzeitig die Konzentration. Im Liegen ist es relativ einfach sich auf die Zwerchfellatmung zu konzentrieren, während es beim Stehen etwas mehr Geduld benötigt. Üben!

Sprechgeschwindigkeit

Es passiert immer wieder: Wir hören jemandem zu, können dem Vortragendem aber nicht folgen.

Durch Aufregung und Nervosität kann es passieren, dass die Sprechgeschwindigkeit zu schnell wird.

Achten Sie bitte immer auf ein angemessenes Tempo - mit den notwendigen Pausen (zur Unterstützung wichtiger Punkte).

Dialekt

Das Thema Dialekt möchte ich an dieser Stelle auch ansprechen. Dialekt hat immer etwas mit der Herkunft eines Menschen zu tun. Sind Sie in einer Gegend aufgewachsen in der Dialekt gesprochen und verstanden wird, ist es keine Frage, dass Sie sich hier heimisch fühlen und Ihren Dialekt am Ort pflegen können. Haben Sie jedoch ein gemischtes Publikum vor sich und wollen eine Rede halten, so sollten Sie sich bemühen, hochdeutsch zu sprechen, damit Sie von allen verstanden werden. Das heißt wiederum nicht, dass Sie gezwungen sind, sich alles abzugewöhnen was sich in Ihrem Mutterdialekt an Lautverfärbungen verbirgt.

Aussprache

Wichtig ist: Achten Sie immer auf eine deutliche Aussprache! Damit Ihr Gesagtes von jedem Ihrer Zuhörer gut verstanden wird.

Akzent

Und das es in Bezug auf eine Karriere nicht hinderlich, ist einen Akzent zu haben, zeigen uns zahlreiche, bekannte Politiker wie: Roman Herzog / Erwin Teufel / Klaus Kinkel etc..

Die Kunst zu reden

REDEN GIBT ES WIE SAND AM MEER, gute und weniger gute. Es gilt also, als erstes die Frage zu stellen: Warum kann ein Mensch gute Reden halten und ein anderer nicht? Dem einen ist es von Natur aus gegeben, seine Mitmenschen zu unterhalten, dem anderen nicht.

Aber sprechen, bzw. eine Rede halten kann man lernen. Hierzu ein paar wichtige Punkte welche Sie beachten sollten anhand eines Beispiels:

Beispiel Nr. 1

Ihr Chef kommt zu Ihnen und bittet Sie, eine kleine Rede über die verschiedenen Abteilungen Ihrer Firma zu halten.

Beispiel Nr. 2

Ihr Chef bittet Sie, eine kurze Rede über Ihre Abteilung zu halten.

Bei dem Beispiel Nr. 1 müssen Sie erst Erkundigungen einholen, da Sie nicht alles über die einzelnen Abteilungen wissen. Sie sind hierbei auf Informationen aus zweiter Hand angewiesen, die Sie nicht immer überprüfen können. Schon allein der Gedanke, es könnten Fragen gestellt werden, die Sie nicht spontan beantworten können, kann bewusst oder unbewusst zur Unsicherheit führen. In diesem Fall ist es besonders wichtig, den Vortrag sehr gut vorzubereiten, gut zu recherchieren. Sie benötigen mehr Vorbereitungszeit, als beim Beispiel Nr. 2.

Die Rhetorik (gr.: Rede (Kunst), die Fähigkeit, durch öffentl. Rede einen Standpunkt überzeugend zu vertreten und so Denken und Handeln anderer zu beeinflussen, sowie Theorie bzw. Wissenschaft von dieser Kunst.) (...., aus Meyers Enzyklopädisches Lexikon)

Rede halten

Beim Beispiel Nr. 2 wird es für Sie wesentlich einfacher sein, über das zu reden, was Sie selber gemacht haben bzw. was Sie Tag für Tag selber (er)leben. Über Ihre Arbeit reden Sie auch im Alltag öfters mit Ihren Mitarbeitern oder mit Ihren Freunden. Es handelt sich also um Dinge, die Ihnen vertraut sind und mit denen Sie sich gut auskennen. Sie fühlen sich hier zweifellos sicherer.

Im Idealfall haben Sie die Gelegenheit einen Vortrag über Themen zu halten, die Ihnen vertraut sind. Machen Sie es sich zur Angewohnheit auch in diesem Fall ein Konzept zu erstellen.

Zurück zum Beispiel Nr. 2. Eine Rede über Ihre Abteilung, in der Sie schon seit geraumer Zeit arbeiten.

Zur Erstellung eines Konzeptes, sollten Sie sich zuerst einige Fragen stellen, um dann über die Antworten eine Rede zu halten.

Seit wann existiert Ihre Firma und im Speziellen Ihre Abteilung?
Was produziert Ihre Firma, was ist die Aufgabe in Ihrer Abteilung?
Wie viele Mitarbeiter gibt es im Gesamten, und wie viele in Ihrer Abteilung?
Wer? Was? Wie oft? Wozu? Wann? ...

Schreiben Sie sich die interessantesten Informationen und Daten auf, die Sie in Ihrer Rede erwähnen wollen.

> *Allein der Vortrag macht des Redners Glück.*
>
> (Goethe „Faust")

Regeln für eine gute Rede

Informieren Sie sich nötigenfalls aus zwei oder mehreren sicheren Quellen über Dinge, die Sie nicht wissen oder wenn noch Unsicherheiten vorhanden sein sollten, über wichtige Abläufe. Stellen Sie auf keinen Fall Vermutungen auf!

Bringen Sie Fragen und Antworten in eine sinnvolle Reihenfolge. Am besten von „außen" nach „innen" und vom „großen" ins „Detail". Schreiben Sie ihre Rede nicht Wort für Wort auf, und lesen Sie auf keinen Fall Ihre Rede ab. Schreiben Sie auf kleine Handzettel groß und deutlich die gegliederten Stichwörter auf. Somit ist der Blickkontakt, während Ihres Vortrages zu Ihren Zuhörern gewährleistet.

Blickkontakt

Achten Sie darauf, dass alles was Sie sagen werden, für den Zuhörer wichtig bzw. interessant sein sollte (... nicht vom Thema abkommen, oder zu sehr ausschweifen). Reden Sie von den Dingen, von denen Sie auch überzeugt sind.

Nennen Sie anschauliche Beispiele: „Wenn bei der Produktion der Schuhe plötzlich ein Maschinenfehler auftritt, was erst kürzlich für Unruhe sorgte, als ein paar Schuhe ohne Absatz auf dem Band lagen, ist dies kein Problem. Unsere Qualitätsprüfung ist auch hier nicht zu unterschätzen. In diesem Fall hat unser Herr Kemp gleich....". Ihr Vortrag wird somit anschaulicher, lebendiger und besser verstanden.

Vermeiden Sie zu viele Fremdwörter und fachspezifische Ausdrucksweisen, da sonst die Gefahr besteht, dass man Ihnen nicht mehr folgen kann.

Fremd- /Fachwörter vermeiden

In der Kürze liegt die Würze.

(altes Sprichwort)

Verzichten Sie auf Wörter wie: Man könnte.../Wir hätten.../Wenn es so wäre./Ich glaube./Ich denke... Benutzen Sie stattdessen Formulierungen wie: Es ist.../ Wir haben.../ Meiner Meinung nach, ist.../ Ich habe die Erfahrung gemacht, dass..

Machen Sie sich Gedanken darüber, wie lange Sie reden wollen, bzw. es von Ihnen gewünscht wurde, und halten Sie an diesem Zeitplan fest.

Üben Sie Ihre Rede zuerst alleine, anschließend mit einem Freund oder Ihrem Partner.

Nehmen Sie sich vor Ihrer Rede auf jeden Fall noch kurz Zeit, um sich zu sammeln und sich auf Ihre Rede zu konzentrieren.

Begrüßungsrede

Während der Rede

Schenken Sie Ihren Zuhörern ehrliche Anerkennung. Begrüßen Sie einige wichtige Zuhörer mit Ihrem Namen.

Achten Sie darauf, dass Ihre Begrüßung in der richtigen Reihenfolge der Anwesenden und in einem freundlichen Ton geschieht. Bedanken Sie sich dafür, dass Ihnen die Ehre dieser Rede übertragen wurde.

Entschuldigen Sie sich nicht unnötig für etwas, was Sie nicht wissen!

Und wenn Sie etwas nicht wissen, dann stehen Sie dazu, und fangen Sie nicht an zu schwafeln. Jeder wird Verständnis haben bei einem Satz wie z.B.:

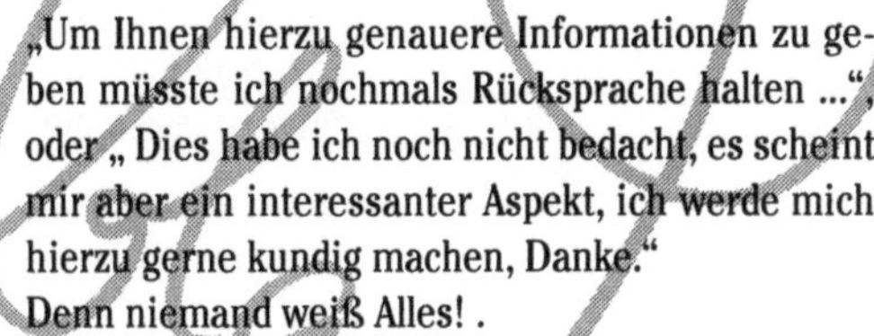

„Um Ihnen hierzu genauere Informationen zu geben müsste ich nochmals Rücksprache halten ...", oder „ Dies habe ich noch nicht bedacht, es scheint mir aber ein interessanter Aspekt, ich werde mich hierzu gerne kundig machen, Danke."
Denn niemand weiß Alles! .

Reagieren Sie positiv auf Kritik, bedanken Sie sich für Vorschläge auch wenn diese im ersten Moment nicht in Ihren Plan passen. (Sie können im einzelnen noch nach Ihrer Rede auf „Wenn und Aber" genauer eingehen).
Falls es Ihre Zeitplanung zulässt, machen Sie den Zuhörern gleich zu Beginn klar, dass nach dem Vortrag noch Zeit ist Fragen zu stellen. So vermeiden Sie unnötige Unterbrechungen.

Kritik

Achten Sie auf Ihre Sprechgeschwindigkeit. Bei Reden über bekannte Themen, ist diese meist zu schnell.

Srechgeschwindigkeit

Blickkontakt ist immer sehr wichtig. Vergewissern Sie sich, ob Sie auch den Zuhörer zur Rechten und zur Linken genügend Aufmerksamkeit schenken.

Blickkontakt

Denken Sie an Pausen nach wichtigen Aussagen, gegebenenfalls wiederholen Sie einen Ihnen sehr wichtigen Satz sinngemäß, z. B.: „Wenn wir dies berücksichtigen, (Pause), wenn wir uns das alle regelmäßig vor Augen halten, (Pause), dann haben wir eine Chance unser Produkt XY noch besser im Markt zu integrieren."

Redepausen

Gestik Halten Sie sich nicht an Ihrem Papier oder Ihren Stichwortzettel fest. Vergessen Sie nicht, dass Ihre Hände (Gestik) dazu da sind, das Gesagte zu unterstreichen.

Ein bisschen aufgeregt ist selbst der beste Politiker. Denken Sie daran: Adrenalin, in der richtigen Dosis, fördert die Konzentration und die Spontaneität. Wobei meiner Meinung nach beides zusammen die Würze einer guten Rede sind.

Der Schluss einer Rede

Der Schluss einer Rede sollte so sein, dass kleine Unsicherheiten oder Holperer jetzt vergessen werden. Vielleicht gehören Sie zu den Menschen, die Zitate lieben, kennen und richtig einzusetzen wissen, dann wäre dies eine sicherlich elegante Art und Weise, eine Rede zu beenden.

Eine andere Möglichkeit wäre, nochmals kurz (stichwortartig) zusammenzufassen und sich für das Zuhören zu bedanken.

Wer versprochen hat am Ende seiner Rede für Fragen zur Verfügung zu stehen, sollte sein Versprechen natürlich auch halten, bitte aber auch hier kurz halten und nicht in Details abschweifen.

Das Menschlichste, was wir haben, ist doch die Sprache.

(Theodor Fontane)

Wird nach Ihnen noch eine andere Person sprechen, können Sie diese am Ende Ihres Vortrages kurz ankündigen.

Das Wichtigste für eine gute Rede

Zeigen Sie Ihren Zuhörern, dass sie sehr wichtig für Sie sind, nennen Sie, falls möglich Namen. Versuchen Sie Ihr Konzept für den Zuhörer so interessant wie möglich zu gestalten.

Eine gute Rede muss auch Ihnen Freude machen. Wer Witz und Humor gekonnt einzusetzen vermag, wird seine Zuhörer leicht für sich gewinnen.

Seien Sie Sie selbst, ahmen Sie nicht jemanden nach. Stehen Sie hinter dem was Sie sagen, dann werden Sie auch keine Probleme haben, den Zuhörer für sich zu gewinnen und ihn zu begeistern.

P.S.

Es ist auf Erden kein' besser' List, denn wer seiner Zungen ein Meister ist.

(Martin Luther)

Die Begrüßung

Händedruck

Blickkontakt

DIE RICHTIGE BEGRÜßUNG gehört zu den ersten Sekunden des Kennenlernens. Ein Handschlag, der uns mehr an Pudding erinnert als an eine Person oder eine Begrüßung bei der mein Gegenüber in die Luft schaut, ist nicht als besonders angenehm einzustufen. Auch Antworten auf Fragen wie: Wer grüßt wen? Wann grüße ich zuerst?... sind vielen Menschen nicht mehr geläufig.

Begrüßungsregeln

Im Allgemeinen gelten die Regeln
Jung grüßt Alt,
Herr grüßt die Dame (Ausnahme, wenn ein älterer Herr in der Nähe ist),
Einzelperson grüßt die Gruppe,

Rangniedriger grüßt den (die) Ranghöheren.

Wenn Sie ganz sicher sein wollen:
Der den anderen zuerst sieht, grüßt als Erster.

Bei der Begrüßung per Handschlag sollte man sein Gegenüber weder schütteln, noch ihm die Knochen brechen.
Achten Sie auf einen Händedruck der wohldosiert, kraftvoll und trocken ist.

Die Bekanntmachung

IN DEN FOLGENDEN ZWEI KAPITELN geht es um die korrekte Ansprache, Anrede und Anschrift in Bezug auf Name, Titel oder Adelsprädikate. Es ist für uns alle wichtig, korrekt angesprochen zu werden. Einen Namen zu kennen und diesen auch im richtigen Moment benennen zu können, zeugt von Respekt und Wertschätzung dem Anderen gegenüber.

Bekanntmachen

Dem Ranghöheren wird der Rangniedrigere vorgestellt. Beispiel: Dem Chef der Abteilung XY wird ein neuer Mitarbeiter der anderen Abteilung vorgestellt.

Dem Älteren wird der Jüngere vorgestellt.

Wenn mancher Mann wüßte, wer mancher Mann wär', gäb mancher Mann manchem Mann manchmal mehr Ehr'.

(schwedischer König Karl XII)

Der Dame wird immer zuerst der Namen des Herren genannt. Beispiel: Frau Müller zu Frau Gut: „Darf ich Ihnen vorstellen: Herr Maier von der Firma .... zuständig für den Bereich...".

Stellt sich eine Dame selbst einem Ehepaar vor, wird Sie sich zuerst der Dame vorstellen, dann dem Herrn.

Bei einem bekanntem Ehepaar, begrüßen sich zuerst die Damen, dann begrüßt die Gastgeberin den eingeladenen Herrn.

Bei einem unbekanntem Ehepaar, stellt der Mann der Gastgeberin Ihr die Gäste vor, z. B: Herr und Frau Müller.
Hierbei macht es Sinn (vor allem bei mehreren Gästen) auch noch in einigen Sätzen eine kleine Information über die Gäste zu sagen, z. B: „Herr Müller ist in der Abteilung für ... beschäftigt". Das gilt ebenso bei der Bekanntmachung von Gästen, welche sich untereinander noch nicht kennen. Sie ermöglichen Ihnen dadurch auf einfache Art und Weise, miteinander in Kommunikation zu treten.

Haben Sie mehrere Gäste eingeladen, stellen Sie das Ehepaar Müller einem Ihrer Gäste vor und bitten Sie diesen, das Ehepaar Müller anschließend den anderen Gästen vorzustellen.

Haben Sie nur eine kleine Gästegruppe, so stellen Sie Herrn und Frau Müller dem ältesten (oder wichtigsten) Ehepaar vor und nennen im Anschluss dann die Namen der anderen Gäste. Hierbei ist es nicht notwendig, dass Herr und Frau Müller allen die Hand geben, es reicht ein Kopfnicken und ein Lächeln, es sei denn, es wird den neuen Gästen die Hand entgegengestreckt.

Allgemein gültig ist, dass die Herren immer aufstehen, wenn sie eine Dame begrüßen.

Die Damen bleiben bei der Begrüßung grundsätzlich sitzen, außer es handelt sich um eine wesentlich ältere oder eine ehrenwerte Person.

Die Anrede & Anschrift

ERINNERN SIE SICH NOCH an die Bewerbungsschreiben vor zwanzig Jahren? Den ausführlichen, handgeschriebenen Lebenslauf? Wenn Sie heute einen Lebenslauf im Vergleich anschauen, können Sie auf den ersten Blick erkennen, was sich geändert hat. Der Lebenslauf ist gekürzt worden und auf Umschreibungen und Füllwörter wird heute ganz verzichtet. Klar strukturiert und übersichtlich gestaltet soll er sein, das Wichtigste beinhalten, um dem Leser nicht unnötig Zeit zu stehlen.

Aber nicht alles wird gekürzt oder gar weggelassen. Zum Beispiel unser Namen.

Der Namen ist für jeden von uns etwas sehr wichtiges, wir identifizieren uns mit ihm, wir sind an ihn gewöhnt, wir mögen es, mit unserem Namen angesprochen zu werden. Niemand möchte gerne „Frau Dings" oder „Herr, Du weißt schon wer" heißen. Und wie entrüstet wir doch gleich reagieren, wenn auf dem Briefumschlag im Adressfeld ein Buchstabe unseres Namens fehlt oder der Name gar falsch geschrieben wurde. Ja, ich denke, es geht den meisten von uns so oder ähnlich, und deshalb sollte es eigentlich auch selbstverständlich sein, den Namen seines/ihres Gesprächspartners (Adressaten) zu kennen und richtig zu benennen.

Zum Namen gehören nicht nur der Vorname (Zweitnamen) und der Nachname, manche Menschen haben auch das Recht erworben, einen Titel zu tragen. Ob akademischer Titel oder Adelsprädikat, sie gehören zum Namen und werden auch dementsprechend angewendet.

Dies ist nicht immer ganz einfach, da auch hier einiges modernisiert und vereinfacht wurde, das Traditionelle jedoch weiterhin anerkannt wird.

Wenn Sie in den folgenden Kapiteln die ein oder andere zusätzlich mögliche, mündliche oder schriftliche Anrede vermissen, dann sicher nicht aus dem Grund, dass diese nicht mehr gültig wäre, sondern vielmehr um dieses Kapitel verständlich zu gestalten und gleichzeitig den Rahmen nicht zu sprengen.

Doktortitel

Professorentitel

Der häufigste und bekannteste Titel ist der Doktortitel. Verliehen werden die akademischen Grade wie Doktortitel, Doktor h.c. = ehrenhalber sowie auch der Professorentitel von wissenschaftlichen Hochschulen. Akademische Titel werden sowohl in der Anschrift, als auch in der schriftlichen und mündlichen Anrede benützt.

Doktor der Medizin:
In der Anschrift:
Herrn Dr. med. Vorname Nachname
In der schriftlichen Anrede:
Sehr geehrter Herr Doktor Nachname
In der mündlichen Anrede:
Guten Tag Herr Doktor (Nachname)

Bei Doktortiteln anderer Fakultäten, z.B. Rechtsanwälten, Chemikern etc.:
In der Anschrift:
Herrn Dr. iur. Vorname Nachname
In der schriftlichen Anrede:
Sehr geehrter Herr Doktor Nachname

In der mündlichen Anrede:
Guten Tag Herr Doktor Nachname
Sprechen zwei Doktoren derselben Fakultät miteinander, so lassen sie gewöhnlich den Titel weg und nennen sich entweder „Herr Kollege" oder „Herr Nachname".

Bei mehreren Titeln:
In der Anschrift:
Herrn Professor Dr. Dr. h.c. Vorname Nachname
(Dr. h.c.: aus dem lateinischen = honoris causa / ehrenhalber)
In der schriftlichen Anrede:
Sehr geehrter Herr Professor Nachname
In der mündlichen Anrede:
Guten Tag Herr Professor

(Nur der höchste Titel wird in der mündlichen Anrede genannt)

Achten Sie darauf, dass Sie nicht vergessen, die Damen ebenso wie die Herren mit Ihrer Berufsbezeichnung oder Ihrem Titel vorzustellen.
Verzichten Sie, so weit es geht, auf Anhängsel wie: Frau Gemahlin/ehrwürdige Gattin. Heute, im Gegensatz zu früher, ist es zur Normalität geworden, dass die meisten Frauen Ihre eigenen Arbeitsbereiche, Titel oder Namen besitzen.

Alle Titel werden heute grundsätzlich in die weibliche Form umgewandelt, sowohl mündlich als auch schriftlich: z.B. „Frau Präsidentin", „Frau Ministerin", „Frau Professorin", etc.

(Aus Gründen der Vereinfachung habe ich in diesen zwei Kapiteln auf eine doppelte Bezeichnung (Minister/Ministerin) verzichtet.)

P.S.

Anschrift an zwei Personen mit unterschiedlichen Titel:
Herrn Professor Hans Beispiel
(der höhere Titel kommt an erster Stelle)
Frau Dr. Renate Beispiel

Anschrift für zwei Personen, mit und ohne Titel:
Herrn Dr. Vorname Nachname
(Personen mit Titel werden an erster Stelle genannt)
Frau Renate Beispiel

Wann wird der „Titel" weggelassen?
Der „Titel" wird dann weggelassen, wenn der Titelinhaber es wünscht, ohne Titel angesprochen zu werden. Dasselbe gilt dann auch für die Briefanrede (vorausgesetzt Sie unterschreiben selbst), nicht jedoch für die Anschrift.

Die Anschrift bei (Ehe-) Partnern ohne Titel:
Frau Renate Beispiel, Herrn Hans Beispiel
(in Deutschland wird der Name der Frau vorangestellt)
oder:
Herrn Hans Beispiel, Frau Renate Beispiel
(im internationalen Bereich wird der Name des Mannes vorangestellt)
oder:
Herrn und Frau Hans und Renate Beispiel
Frau und Herrn Renate und Hans Beispiel

Bei Doppelnamen:
Frau Renate Beispiel-Mustermann
(bei Doppelnamen getrennte Anschrift)
Herrn Hans Beispiel

Weggelassen bei der Anschrift werden:
Fräulein, Schüler... ebenso wie die Zusätze:
„An die", „An das", „An den",..
Bei der Anschrift und im Brief: zu Händen - z.H.

Schreiben an eine Firma XY
Das Wort „Firma" wird heute nicht mehr geschrieben, das ergibt sich durch die Anhängsel AG/GmbH.

Beispiel:
Metallbau XY AG
Herrn Vorname Nachname
oder:
Herrn Vorname Nachname
Metallbau XY AG

Wird der Name an oberster Stelle geschrieben, so darf dieser Brief aufgrund des Postgeheimnisses nur von dieser genannten Person geöffnet werden. Diese Form sollten Sie wirklich nur dann gebrauchen, wenn es sich um ein vertrauliches Schreiben und nicht um einen allgemeinen Geschäftsbrief handelt.

Postgeheimnis

Übliche schriftliche Anredeform im Brief
Sehr geehrter Herr Beispiel,
sehr geehrte Frau Beispiel
(international)
Brieftext

Schlussformulierung:
Mit freundlichen Grüßen
Mit freundlichem Gruß
Freundliche Grüße.....

Ob bei der Anschrift oder bei der mündlichen Anrede, es ist nicht immer einfach, alles richtig zu machen. Aber allein das Bemühen, sein Bestes zu geben, zeugt von Anstand und Respekt. Wenn Ihnen trotz allem ein gröberer Fehler unterläuft, seien Sie sich nicht zu schade und entschuldigen sich für Ihr Versehen, dann wird Ihnen niemand böse sein.

Zum Thema: Prädikate, Titel, Bezeichnungen und Ansprache:

Dieses Thema ist eigentlich ein Studium für sich. Nicht umsonst gibt es hierfür einen eigenen Beruf, den Protokollchef, der sich hauptberuflich mit diesem und anderen Themen befassen muss. Was den Bereich der korrekten Ansprache so schwierig macht, ist die heutige Flexibilität. Was für den einen noch ehrenvolle Tradition ist, ist für den anderen ein alter Schuh. Wo es früher noch selbstverständlich war, die Frau des Doktors ebenso mit dem Doktortitel anzusprechen, wird dies heute zum Teil belächelt. Mir ist es daher in diesem Kapitel wichtig, dass Sie unterscheiden zwischen den heutigen Neu-Regelungen und der Person, die Sie vor sich haben. Versuchen Sie, in Ihrem Handeln zu akzeptieren, dass es verschiedene Generationen gibt, die nach unterschiedlichen Regeln leben.

Prädikat

Was sind Adelstitel, Prädikate, Ehrentitel, ...?
Unter dem Begriff „Prädikat"versteht man:
„Majestät",
„Königliche Hoheit", für Monarchen, Könige, Prinzen, Prinzessin
„Exzellenz" für Staatsoberhäupter, Botschafter des Auslandes, Minister, Bischof
„Eminenz" für den Kardinal
„Hochwürden" für Pfarrer, Priester

Adelstitel/ Adelsprädikat

Unter dem Begriff „Adelstitel":
König, Fürst, Herzog, Graf, Baron / Freiherr

Bei dem Adelsprädikat ist zu berücksichtigen, dass dieses (seit der Weimarer Reichsverfassung) zum Namen gehört, genauer gesagt zum Nachnamen.

Bei allen folgenden Beispielen der schriftlichen Anrede wird: „Sehr geehrte(r)" voran gesetzt:

Beispiel: „Graf"
(mit akademischen Titel)

In der Anschrift:
Dr. Vorname Graf Nachname
In der schriftlichen Anrede:
Dr. Graf Nachname
In der mündlichen Anrede:
Graf Nachname

„Frau", oder „Herr" wird bei Adelsprädikaten in der schriftlichen und mündlichen Ansprache nicht benützt.
„Herr Graf" war früher die Anrede der Dienerschaft, diese Anrede wird heute nur noch benutzt, wenn die angesprochenen Herrschaften sehr alt und man selber sehr jung ist.
Nur der Titel allein z.B.: „Graf", „Baron" etc. wird in der mündlichen Anrede von Gleichrangigen, Gleichaltrigen und guten Bekannten benutzt.
Titel und Vornamen: „Graf Vorname", „Baron Vorname" werden unter Freunden und Verwandten des Titelträgers benützt.

Beispiel: „Baron"

In der Anschrift:
Herrn Vorname Baron von Nachname
In der schriftlichen Anrede:
Baron Nachname
In der mündlichen Anrede:
Baron Nachname
oder:
Herr von Nachname

Die Adelstitel „Baron" und „Freiherr" sind rang- identisch, werden aber regional unterschiedlich gebraucht. Beiden steht das Prädikat „von" zu.

Prädikat „von"

Beispiel: „Freiherr"

In der Anschrift:
(Herrn) Vorname Freiherr von Nachname
oder:
(Frau) Vorname Freifrau von Nachname
In der schriftlichen Anrede:
Herr von Nachname / Frau von Nachname
In der mündlichen Anrede:
Herr von Nachname / Frau von Nachname

Besteht der Titelinhaber darauf, nur mit seinem Namen angesprochen zu werden, wird der Titel in der Korrespondenz trotzdem beibehalten.

Amtsbezeich-
nungen

„Amtsbezeichnungen" sind:
Bundespräsident, Bundeskanzler,

Beispiel: Bundespräsident / Bundeskanzler:

In der Anschrift:
Bundespräsident
Vorname Nachname
oder:
Bundeskanzler
Vorname Nachname
In der schriftlichen Anrede:
Herr Präsident
Herr Bundeskanzler
In der mündlichen Anrede:
Herr Präsident
Herr Bundeskanzler

Hier ist zu beachten, das die Repräsentanten eines Landes in der schriftlichen, sowohl als auch in der mündlichen Anrede, mit Ihren Amtsbezeichnungen angesprochen werden. Die entsprechende Anrede ist als ehrende Anerkennung der Person und dessen Amtes zu sehen.

Weitere Amtsbezeichnungen:
Bundesminister, Ministerpräsident, Regierungspräsident, Staatssekretär, Landrat, Bürgermeister, Ministerialrat, Amtsrat, Oberinspektor,..

In der Anschrift:
Herr Vorname Nachname
Staatssekretär

Herr Vorname Nachname
Bundesminister für Gesundheit

In der schriftlichen Anrede:
Herr Staatssekretär
Herr Minister
In der mündlichen Anrede:
Herr Staatssekretär
Herr Minister

Mitarbeiter von Behörden und Ämtern:
Sie sprechen hohe Repräsentanten des Staates (ihre Dienstherren) grundsätzlich mit deren Amtsbezeichnung an, z.B.: „Herr Minister, gestatten Sie mir....". Ansonsten wird unterschieden ob Sie der Person aufgrund ihres Amtes oder privat einen Brief schreiben.

Bei der privaten Ansprache wird der Amtstitel auf jeden Fall weggelassen, ebenso wenn Sie privat einen Brief schreiben.

Nach dem Erwerb eines offiziellen Ranges wird ein Adeliger ausschließlich mit diesem angesprochen: Dies gilt vom Bischof, Staatssekretär, Bundesminister oder General an aufwärts.
Beispiel aus: „Herr von Nachname", „Graf Nachname", wird: Minister Nachname.

P.S.

Wann wird „a.D." benutzt?
Ein Staatssekretär a.D., ist eine Person die „außer Diensten" ist.

In der Anschrift:
Herrn Vorname Nachname
Staatssekretär a.D.
In der schriftlichen Anrede:
Herr Nachname
In der mündlichen Anrede:
Herr Nachname

Es wird bei mehreren früheren Ämtern, immer die höchste Amtsbezeichnung für das a.D. benutzt.

Amtsbezeichnungen der Kirche:
Kardinal, Erzbischof, Bischof, Generalvikar, Domkapitular, Domdechant, Prälat, Pfarrer, Diakon.
Bei kirchlichen Würdenträger ist „Hochwürden" auch heute noch üblich, meist wird jedoch der direkte Titel des jeweiligen Kirchenamtes benannt: Herr Pfarrer, Herr Bischof, etc.

Beispiel: Kardinal / Bischof

In der Anschrift:

Herrn Kardinal	Herrn Bischof
Vornama Nachname	Vorname Nachname

In der schriftlichen Anrede

Herr Kardinal	Herr Bischof

In der mündlichen Anrede

Herr Kardinal	Herr Bischof
Früher: „Eminenz"	„Exzellenz"

Bis Ende der Sechziger war es noch üblich, sowohl in der Anschrift als auch in der schriftlichen und mündlichen Anrede „Eminenz", bzw. „Exzellenz" zu benützen.

Diplomatische Amtsbezeichnungen:
Funktions- und Berufstitel (politische Titel, Militärtitel, Beamtentitel,...)

Botschafter, Gesandter, Konsul, Honorarkonsul

Ein Botschafter aus dem eigenen Land wird mit: „Herr Botschafter" angesprochen, ein ausländischer Botschafter wird mit :„Exzellenz" angesprochen.

Städtische Bezeichnungen:
Generalmusikdirektor, Intendant

Ehrentitel:
Kammersänger, Staatsschauspieler

Berufsbezeichnungen:
Rechtsanwalt, Steuerberater, Wirtschaftsprüfer, Ingenieur, Architekt, Finanzberater

Funktionsbezeichnungen:
Vorsitzender, Direktor, Abteilungsleiter, Schriftführer, Projektleiter

Regelung:
Amtsbezeichnungen, Ehrentitel und Berufs-, oder Funktionsbezeichnungen werden mündlich und schriftlich dann benannt, wenn die Person in dieser Funktion bzw. aufgrund ihres Amtes auftritt.

Beispiel

„Wir begrüßen herzlich Herrn Kammersänger Vorname Nachname"
(Ansage vor der Aufführung)

„Darf ich ihnen vorstellen, Herr Direktor Nachname"
(Neuer Bankdirektor wird dem Vorsitzenden der Bank vorgestellt)

Privat werden beide Herren mit „Herr Nachname" angesprochen. Dasselbe gilt für die Korrespondenz welche nicht unmittelbar mit dem jeweiligen Amt zusammenhängt.

Bei mehreren Amts-, und Funktionsbezeichnungen wird die höchste Bezeichnung benutzt.

Beispiel

Herr Nachname ist „Vorsitzender des Schützenvereins" und gleichzeitig „Landrat".
In diesem Fall wird aus „Herr Nachname" - „Herr Landrat", da dies die höhere Bezeichnung ist. Ist der Herr Landrat jedoch im Schützenverein bei einer Versammlung eingeladen ist er hier: „Herr Vorsitzender Nachname ..."
(Dies ist auch für die Anschrift und die schriftliche Anrede gültig).

Sind Sie sich beim Ansprechen einer Person nicht sicher, so zögern Sie nicht, diese Person zu fragen, wie sie gerne angesprochen werden möchte. Und bei wichtigen Einladungen empfiehlt es sich, sich vorher gut zu informieren (durch entsprechende Literatur, Gästeliste oder das jeweilige Protokollamt)

Von des Lebens Gütern allen ist der Ruhm das höchste, doch wenn der Leib in Staub zerfallen, lebt der große Name noch

(Schiller „Das Siegesfest")

Umgangsformen und Motivation

„FRÜHER WAR NOCH VIELES ANDERS", so hören wir es immer wieder. Dabei gibt es Sie noch immer, die Gentlemen und Gentlewomen. Vielleicht nicht mehr ganz so viele. Aber warum?

Ist es nicht manchmal frustrierend, wenn „Mann" freundlich und zuvorkommend den Mantel hält und Frau emanzipiert ablehnt mit den Worten „Danke, aber das kann ich auch allein".

Ein bisschen kann ich es schon verstehen, dass „Mann" dann irgendwann beschließt darauf zu verzichten.

Zwei wichtige Attribute in Bezug auf Persönlichkeit sind Freundlichkeit und Zuvorkommenheit.

Ist es nicht bemerkenswert wenn ein jüngerer Mensch einem älteren seinen Platz anbietet, oder ein Mann der schwangeren Frau die schweren Einkaufstaschen zum Auto trägt. Genießen wir es nicht alle, wenn uns Aufmerksamkeit entgegen gebracht wird? Wenn uns Menschen begegnen, die die Umgangsformen noch beherrschen?

Heute geht es in allen wichtigen Bereichen hauptsächlich darum: Leistung zu bringen, Forderungen zu erfüllen.

Um dies zu erreichen, benötigen wir regelmäßige Motivation.

So wie man in den Wald hinein ruft, schallt es wieder heraus!

(Deutsches Sprichwort)

**Mitarbeiter-
motivation**

Eine gute Motivation ist heute das Wichtigste, was wir brauchen um tatkräftige Mitarbeiter zu erhalten. Ohne ein stark motiviertes Team ist jedes noch so gute Unternehmen gerade mal die Hälfte wert. Motivation, Spontaneität, Flexibilität sind Schlagwörter, die man immer wieder in Teamsitzungen oder Orientierungen durch die Geschäftsleitung hört. Zusätzlich ist die Art und Weise, wie wir miteinander umgehen, egal in welchem Bereich wir tätig sind, ein wichtiger Erfolgsfaktor.

Motivation, motivieren bedeutet: zu einer bestimmten Verhaltensweise oder einer bestimmten Handlung anregen

Wie wir miteinander umgehen, hat sehr viel mit Motivation zu tun. Im beruflichen Bereich ist die Mitarbeit von jedem Einzelnen gefragt. Sind Sie in leitender Stellung tätig, werden Sie schon beim Einstellungsgespräch, beim ersten Eindruck in Erfahrung bringen wollen, ob Ihr neuer Mitarbeiter gewillt ist, selbstständig und gewissenhaft zu arbeiten.

Hat Ihr neuer Mitarbeiter sich gut in Ihrer Firma eingearbeitet, ist es möglich, dass seine Leistungen früher oder später aus unerfindlichen Gründen plötzlich nachlassen. Sofort zu kündigen, kommt schon aus rechtlichen Gründen nicht in Frage und bedeutet eine unnötige Verschwendung von Kraft und Zeit, denn ein guter Ersatz muss erst gefunden und wiederum eingearbeitet werden.

In Frage stellen sollten Sie in diesem Fall nicht nur Ihren neuen Mitarbeiter persönlich, sondern auch in regelmäßigen Abständen Ihre Betriebsabläufe, deren Struktur, Ihre Vorgehensweise und die Ihrer anderen Mitarbeiter.

- Hat Ihr Mitarbeiter eine genaue Beschreibung seiner Arbeit erhalten?
- Ist die Aufgabe klar definiert auch in Bezug auf eigene Ideen, Kreativität oder selbstständiger Problemlösung?
- Ist er gut eingewiesen /eingearbeitet worden?
- Hat er eine Bezugsperson, die sich schon länger mit den einzelnen Gegebenheiten im Betrieb auskennt?
- Geben Sie ihm regelmäßig Feedback?
- Nehmen Sie gute Arbeit nicht als selbstverständlich an!
- Überlegen Sie sich, wie es in Ihrem Betrieb/Firma möglich sein könnte, für gute Leistung Anreize zu schaffen (z.B. Auszeichnungen, Gutscheine, kleine Beförderung...).
- Achten Sie auf ein gutes Arbeitsklima!
- Nehmen Sie sich die Zeit für persönliche Gespräche, nicht nur bei Problemen, sondern vor allem bei Erfolgen!
- Loben Sie Ihre Mitarbeiter regelmäßig!

Ein guter Mitarbeiter oder ein Partner, der im Normalfall immer sein Bestes gibt, kann auch einmal einen schlechten Tag haben. Besitzen Sie dann die Stärke ihm Verständnis entgegen zu bringen und ihn gleichzeitig mit Hilfe der positiven Verstärkung (z.B.: „Es mag sein, dass es Ihnen heute nicht so gut geht (Verständnis), aber ich brauche Sie heute dringend (Bitte). Denken Sie an das letzte Mal, gemeinsam hat es wunderbar geklappt (Lob), bitte versuchen Sie... Ich danke Ihnen (Dank)...) zu motivieren.

Es ist dann durchaus möglich, dass er trotz seines schlechten Tages, eine seiner besten Leistungen erbringt.

Wenn gute Reden sie begleiten, dann fließt die Arbeit munter fort.

(aus Schillers „Lied von der Glocke")

Erfolg zu haben mit einer Firma hat sehr viel mit Umgangsformen zu tun!

Sich mit Achtung und Respekt zu begegnen, heißt gleichzeitig von seinem Gegenüber dieses auch erwarten zu können. Egal in welcher Situation wir uns befinden, wir sollten ständig bemüht sein, den richtigen Ton zu finden.

Seien Sie sich als leitende Person immer Ihrer Vorbild-Funktion bewusst!

Sehen Sie an weiteren Beispielen, wie Sie positive Motivation in Ihrer Praxis umsetzten können:

Beispiel

■ Sie haben einen Mitarbeiter, der in zwei Bereichen seiner Tätigkeit gute Arbeit macht. Leider hat dieser Mitarbeiter jedoch auf einem dritten Gebiet angefangen, nachlässig zu werden.

Laden Sie ihn ein zu einem Gespräch unter vier Augen. Fragen Sie Ihn, wie er seine eigenen Leistungen einschätzt.

Erarbeiten Sie im Anschluss an dieses Gespräch mit Ihrem Angestellten gemeinsam einen neuen Aufgabenkatalog.

Berücksichtigen Sie hierbei vor allem seine Fähigkeiten.

Durch das persönliche Gespräch haben Sie die Möglichkeit zu erfahren, worin die Problematik liegt. Und können so produktiv auf Ihren Angestellten einwirken.

■ Verzichten Sie darauf, einen Mitarbeiter vor anderen bloßzustellen. Sie erreichen sonst nur eine Verschlechterung des Arbeitsklimas.

■ Geben Sie jedem Mitarbeiter das Gefühl, ein wichtiges Glied in Ihrer Firma zu sein. Übertragen Sie Ihren Angestellten eigene Verantwortung, Mitbestimmung. Identifikationsmöglichkeit!

■ Sparen Sie nicht an Lob, vor allem bei Mitarbeitern die ihre Arbeit immer gewissenhaft erledigen und kaum auffallen.

■ Nicht das kollektiv angewendete Lob, sondern das persönliche Lob, wirkt auf jeden Einzelnen fördernd.

■ Nehmen Sie sich regelmäßig Zeit, sich mit Ihren Mitarbeitern zusammenzusetzen, um bei aufkommenden Problemen, Hilfestellung zu geben.

■ Jeder Mitarbeiter sollte die Möglichkeit eines ihm anvertrauten, selbstverantwortlich geführten (kleinen) Bereiches für seine Arbeit haben, denn wer Verantwortung trägt, arbeitet „gewissenhafter". Somit können Sie bei Problemen, genauso wie bei Auszeichnungen (Lob) direkt einwirken.

■ Geben Sie Ihren Mitarbeitern regelmäßig ein positives Feedback, Sie werden feststellen, dass die durchzuführende Arbeit noch besser wird.

■ Vergessen Sie nie, dass Sie als Vorgesetzter eine Vorbildfunktion haben - Ihre Mitarbeiter sind Ihr Spiegel.

Fauxpas
(franz. = Fehltritt)
Taktlosigkeit, gesell-
schaftlicher Verstoß

Der Fauxpas

ES KANN ÜBERALL PASSIEREN, bei einer Einladung zum Essen, bei einem Geschäftstermin, bei einer Party, bei einem Spaziergang mit den Kindern - der Fauxpas.

Was ist ein Fauxpas?

Sie erkennen einen Fauxpas sehr schnell an ein paar wenigen Punkten:

An den Reaktionen Ihres Gegenübers / Ihrer Zuhörer oder Zuschauer. Wenn Sie zum Beispiel etwas gesagt haben und alle Umstehenden plötzlich aufhören zu reden oder sich von Ihnen abwenden. Ihr Gesprächspartner wird unruhig, wirkt kühl oder sogar aggressiv.

An sich selber, an einem sehr unangenehmen Körpergefühl - es ist Ihnen sehr unangenehm, Sie bekommen Herzklopfen, nasse Hände. Sie möchten am liebsten davon rennen, alles ungeschehen machen.

Beispiele für Fauxpas

Sie bekommen eine Einladung Ihrer Abteilung zu einer Adventsfeier. Es ist schon die fünfte, die Sie besuchen sollten und Sie entschuldigen sich mit einer kleinen Notlüge, sagen, dass Sie krank seien. Zwei Tage später, ein Kollege kommt auf Sie zu mit den Worten: „Na, wie war es am Montagabend im Kino? Ist der neue Film gut?"

Sie besuchen mit Ihrem Partner ein Theaterstück. Schon sehr schnell merken Sie, dass Ihnen dieses Stück überhaupt nicht gefällt. Sie werden ungeduldig. In der Pause stehen Sie mit ein paar Leuten zusammen und äußern Ihr Entsetzen und Ihre Enttäuschung über dieses Stück. Leider bemerken Sie es zu spät - neben Ihnen steht der Autor.

Es gibt sicherlich noch viele Beispiele von jedem von uns zu berichten. Alle haben eines gemeinsam, dieses unendlich unangenehme Gefühl im Bauch, im Herz und im Kopf. Kein Mensch der Welt kann dies vermeiden, es sei denn er schließt sich in ein Zimmer ein und lässt das Telefon vor der Tür.

Haben Sie keine Angst vor einem Fauxpas, denn wenn Sie ständig daran denken, gleich wieder etwas falsch zu machen, wird auch sicher Unangenehmes passieren.

Regeln mit deren Hilfe Sie einen Fauxpas weitgehend vermeiden können

1. Verlassen Sie sich nicht auf Vermutungen. Wenn Sie etwas erzählen oder berichten, sollten Sie sicher sein, dass Ihre Geschichte „Hand und Fuß" hat. Auf keinen Fall Gerüchte weiterverbreiten.

2. Denken Sie nach bevor Sie mit „Wem" über „Was" reden.

3. Reden Sie in Gesellschaft nicht negativ über Personen, die nicht anwesend sind. (Der beste Freund der besagten Person könnte anwesend sein.)

Wer arbeitet macht Fehler, wer keine Fehler macht, ...

(Sprichwort)

4. Stehen Sie dazu, dass Sie nicht allmächtig sind, nicht alles wissen können. Dies ist bei Gesprächen über Geschichte, Politik oder Kunst und Literatur von großer Bedeutung. Denn gerade auf diesen Gebieten sollte man, wenn die Informationen nicht hundertprozentig sind, sich lieber an das Zuhören halten.

Fauxpas Beispiele

Ein Fauxpas ist immer dann gegeben, wenn Sie auch wirklich Schuld haben am Versehen, nicht wenn zum Beispiel zwei Personen sich zu schnell umdrehen und deshalb aneinanderstoßen. Dies wäre eher als unangenehme Situation zu beschreiben.

Hier noch ein Beispiel eines „Sprach - Fauxpas", den ich selber er-, bzw. durchleben musste:

Mein Mann und ich saßen mit mehreren Personen am Mittagstisch. Um sich besser kennenzulernen wurde nicht nur über Geschäftliches, sondern ebenso über Land und Leute und unsere Kinder gesprochen.
Meine Kenntnisse der französischen Sprache waren zu diesem Zeitpunkt noch recht dürftig; trotz allem wollte ich mich an der Kommunikation beteiligen.
Als der nette Herr mir gegenüber gerade stolz von seinem Sohn und dessen Streiche berichtete, erwiderte ich auf französisch: „Unser Marlon klettert schon heute wie eine Katze auf die Bäume".

Das Wort Katze wird im französischen „Chat" geschrieben und „ Scha" ausgesprochen. Nun hatte ich aber „Schat" gesagt, was in der französischen Umgangssprache („chatte") zur Bezeichnung des weiblichen Geschlechtsorgan benutzt wird.

Sie können sich vielleicht vorstellen, wie still es plötzlich wurde, wie die Gesichter sich ihrem Essen zuwandten und eine totale Stille den Raum füllte.

Mein Mann rettete mich, mit einer netten französischen Entschuldigung.

Ich erfuhr erst später was ich hier angestellt habe, aber dieses Gefühl, diese drückende Stimmung zu spüren, ließ mich sofort erkennen, hier habe ich etwas recht Unangenehmes gesagt. Seitdem nenne ich es mein „Mega"-Fettnäpfchen und kann heute darüber lachen.

Wie verhalte ich mich richtig, nachdem ich einen Fauxpas gemacht habe?

(Vorausgesetzt Sie erkennen den Moment in dem „es" passiert!)
Ich möchte Ihnen ein paar Möglichkeiten nennen, wie Sie sich nach einem Fauxpas richtig verhalten können.

Die Entschuldigung

Sie ist meiner Meinung nach in fast allen Fällen die beste Lösung. Sicher ist es von Fall zu Fall verschieden, ob Sie die mündliche oder die schriftliche Entschuldigung wählen wollen. Die mündliche Entschuldigung sollte kurz, ehrlich und wenn möglich mit Humor sein. Während in der schriftlichen Entschuldigung nicht vergessen werden darf, den Vorfall nochmals kurz zu erwähnen. Dies ist manchmal nicht gerade einfach aber danach sicher sehr erleichternd.

Das Anbieten von Hilfe

Gerade dann, wenn jemand angerempelt wurde oder etwas verschüttet wurde ist es eigentlich

---

Errare humanum est !

(„Irren ist menschlich!")

selbstverständlich den Schaden wieder zu beheben. Das heißl: Das zerbrochene Glas wird aufgeräumt, für nasse Kleidung wird notfalls Ersatz gebracht, Hose mit Rotweinflecken in die Reinigung, etc. Entschuldigen Sie sich kurz, suchen Sie nach Lösungsmöglichkeiten um das Mißgeschick wieder gut zu machen.

Sie können einen Fauxpas auch einfach übergehen, als wäre er nie da gewesen. Diese Lösungsmöglichkeit sollte nur bei einem wirklich kleinem Fauxpas angewandt werden, bzw. wenn der Fauxpas niemanden direkt oder indirekt berührt hat.
Z.B.: Sie sitzen gerade bei einem Geschäftsessen und Ihr Löffel mit Soße fällt auf den Boden. Stehen Sie auf und reinigen Sie Ihre Hose (soweit möglich) im Waschraum/Toilette. Beim Zurückkommen können Sie dem Ober Bescheid geben, dass Sie einen neuen Löffel brauchen.

Manche nehmen es mit Humo, und haben nach einem Missgeschick einen lustigen Spruch auf Lager. Wenn die Situation es zulässt (bei einem kleinen Fauxpas ohne „Verletzte") und der Spruch wirklich lustig ist, ist dies sicher eine Möglichkeit - aber nur dann.

Seien Sie sich nie zu schade für eine Entschuldigung, ob schriftlich, mündlich, telefonisch, mit Humor oder gar einem kleinen Geschenk als Entschädigung für den gemachten Schaden, so können Sie beim nächsten Zusammentreffen ohne „Wenn und Aber" wieder ganz Sie selbst sein.

Höflichkeit &
Freundlichkeit

ALS ICH IN VERSCHIEDENEN BÜCHERN NACHLAS, um mehr über die genauere Bedeutung des Wortes „Höflichkeit" zu erfahren, fand ich eine sehr schöne Erklärung in Meyers Enzyklopädischem Lexikon und habe mich entschlossen, diese zu zitieren.

Warum? Weil mir der Ausdruck „zuvorkommendes" Verhalten sehr gut gefiel. Höflichkeit wird heutzutage oft falsch verstanden. Viele meinen sie sei gleichzusetzen mit dem „Abnehmen von Arbeit". Doch wer von uns hat schon Zeit, anderen Menschen die Arbeit abzunehmen? Kaum jemand.

Bei der Höflichkeit bzw. beim zuvorkommenden Verhalten geht es aber viel mehr darum, aufmerksam zu sein und meinem Gegenüber zu zeigen, dass er für mich wichtig ist.

Ich möchte hier ein paar Situationen beschreiben, die uns täglich begegnen und in denen es kaum Mühe macht, etwas zuvorkommender zu sein.

- Sie sind in Ihrem Büro und eine fremde Person betritt den Raum. Ein freundlicher Handschlag und eine persönliche Begrüßung, ggf. mit Namensnennung, sollten selbstverständlich sein.

- Bekommen Sie Besuch, ob privat oder geschäftlich, vergessen Sie nicht ihm den Mantel abzunehmen und den Stuhl zum Sitzen anzubieten. Es ist auch für Sie nicht angenehm im Stehen zu

Höflichkeit: verbindliches, zuvorkommendes Verhalten, ursprünglich (seit etwa dem 15. Jh.) das gesittete Benehmen bei „Hofe".
Die Beachtung der jeweils gültigen guten Umgangsformen, des Anstands und des guten Tons gehört zu den Grundlagen der Höflichkeit.
(aus Meyers Enzyklopädischem Lexikon)

Es gibt eine Höflichkeit des Herzens; sie ist der Liebe verwandt

(schrieb Goethe in seinem Roman „Die Wahlverwandtschaften" / II 5; 1809)

verhandeln oder wichtige Dinge zu besprechen solange die andere Person sitzt.

■ Sie betreten mit mehreren Personen einen Raum. Schauen Sie kurz nach hinten und halten Sie gegebenenfalls die Türe für die Nachfolgenden auf oder geben Sie die Türe weiter in die nächste Hand mit einem freundlichen „Bitte".

■ Gehen Sie aus einem Raum hinaus, z.B. aus einem Konferenzsaal, schauen Sie noch einmal kurz in den Raum bevor Sie die Türe schließen und verabschieden Sie sich mit einem freundlichen Lächeln. So können Sie sich nochmals vergewissern, ob Ihnen jemand gefolgt ist, dem Sie sonst die Türe vor der Nase zu machen würden.

■ Geben Sie Ihrem Gegenüber das Gefühl, wichtig zu sein. Zeigen Sie Ihr Interesse an einem guten Gespräch, sowie einer guten Beratung indem Sie sich nicht ständig durch andere Personen stören lassen. Leiten Sie Ihre Telefonate in der Zeit Ihrer Sekretärin oder einer anderen Person weiter.

■ Begleiten Sie Ihren Besuch beim Abschied zur Türe, öffnen Sie diese und halten Sie sie auf. In großen Gebäuden ist es eine sehr schöne Geste, vor allem älteren Menschen gegenüber, Ihnen den Weg zum Ausgang zu zeigen oder sie wennmöglich hinauszubegleiten. Es sind oft die ersten und letzten Minuten eines Treffens, die uns in Erinnerung bleiben.

■ Pünktlichkeit ist oberstes Gebot!
Ist sehr leicht gesagt, aber keiner von uns ist ein Übermensch und alle haben wir die Uhr im Nacken. Trotzdem sollte es für jeden von uns

selbstverständlich sein, unsere Termine pünktlich einzuhalten. Dies ist auch beim besten Willen nicht immer möglich, es sollte sich jedoch keiner zu schade sein, sich für sein Zu-Spät-Kommen, kurz zu entschuldigen. Noch besser ist es telefonisch Bescheid zu geben und eventuell einen neuen Termin zu vereinbaren.

Zum Thema Höflichkeit

Ich bin mir sicher, dass Höflichkeit gerade im beruflichen Bereich schon immer ein sehr wichtiges Kriterium für Entscheidungen war. Fühle ich mich angenommen, respektiert, ernstgenommen und vor allem „WICHTIG" - dann fühle ich mich wohl. Und geht es mir rundherum gut, dann bin ich auch bereit, zu handeln, Abschlüsse zu tätigen und Entscheidungen zu treffen.

Das Wohlergehen des ganzen Betriebes hängt ab von der Einstellung jedes Einzelnen zu seinen Mitarbeitern sowie zu den Kunden. Durch das mittlerweile breite Angebot von gleichartigen, ähnlichen Produkten ist die Höflichkeit, die zuvorkommende Behandlung des Kunden vom ersten Telefonat bis zum Verkauf genauso wichtig, wie während der Serviceleistung danach.

Durch eine professionelle Dienstleistung haben Sie die Mölichkeit, sich von der Konkurrenz zu unterscheiden.

P.S.
....

Höfliche Worte vermögen viel und kosten wenig.

(Deutsches Sprichwort)

Am Telefon

TROTZ DER INZWISCHEN ENORMEN BEDEUTUNG moderner elektronischer Kommunikationsmittel wie World Wide Web und E-Mail bleibt das Telefon eines der wichtigsten Medien, die wir zur Verfügung haben. Am Telefon haben Sie im Gegensatz zum Brief nicht nur durch Ihre Wortwahl Einfluss auf Ihren Gesprächspartner, sondern können mit Hilfe Ihrer Stimme direkt auf Ihn einwirken. Ob bei Verhandlungen, beim Verkauf oder bei der Reklamation, das Telefon ist ein professionelles Arbeitsmittel.

In einem Betrieb oder einer Firma geschieht der erste Kundenkontakt häufig über ein Telefongespräch. Der hierbei stattfindende erste Eindruck ist ebenso wichtig wie die erste persönliche Begegnung mit einem neuen Kunden.

Telefonistin

Bei der Auswahl einer guten Telefonistin sind die Stimme, die Sprache und die Ausdrucksweise, ebenso wie selbstständiges Arbeiten von großer Bedeutung. Eine gute Telefonistin weiß, dass Sie die Firma am Telefon repräsentiert und dazu da ist, wichtige Telefonate gezielt und schnell weiter zu leiten, eher unwichtige Gespräche werden von Ihr selbstständig erledigt.

Auch wenn Sie das Glück einer gut ausgebildeten Mitarbeiterin zur Erledigung der täglichen Telefonarbeit haben, ist es für Sie selbst von Vorteil, die wichtigsten Punkte für ein gutes Telefonat zu kennen und anzuwenden.

Vor jedem Telefonat, das Sie selber führen möchten, sollten Sie sich genau überlegen, was Sie mit diesem Anruf bezwecken wollen. Machen Sie sich hierzu kurz ein paar Notizen, damit Sie nichts vergessen, weitere unnötige „Ich habe vergessen Sie zu fragen, ob... - Anrufe" können somit von vornherein vermieden werden.
Spezielle Gesprächsnotizblöcke sind im Bürofachhandel zu erhalten.

Telefonnotizen

Denken Sie daran, dass jeder Betrieb seine eigenen Bürozeiten hat, die Sie akzeptieren sollten. Rufen Sie ausserhalb dieser Zeiten wirklich nur in Notfällen an und fassen Sie sich kurz.

Führen Sie wichtige Gespräche (wie Verkaufsverhandlungen, Bewerbung, Abschlussgespräch,...) nicht am Montagmorgen oder am Freitagnachmittag, da in diesen Zeiten die meisten Betriebe mit der Wochenplanung, internen Besprechungen, etc. beschäftigt sind.

Ob Sie selbst jemanden anrufen oder ob Sie angerufen werden: Nennen Sie grundsätzlich Ihre Firma, die Abteilung (Arbeitsplatz), zum Schluss Ihren Namen und den Tagesgruß in einer Form, dass es von jedermann verstanden wird. Sie sparen sich unnötige Wiederholungen oder Verwechslungen.

Beispiel
„Eurobank Frankfurt,
Sie sprechen mit Herrn König, Guten Tag,
Was kann ich für Sie tun?"

Das Schild ist's, das die Kunden lockt

(Jean de La Fontaine)

P.S. Anmerkung:

Den Zusatz: „Sie sprechen mit..." empfinden viele Menschen als sehr angenehm, da er die Möglichkeit gibt, eine persönliche Ebene herzustellen.
Achten Sie darauf, dass er für den Anrufer klar und verständlich ist.

Bei wichtigen Telefonaten sollten Sie dafür sorgen, dass Sie nicht gestört werden, weder durch Lärm, noch durch Zwischenfragen anderer Personen.

Grundsätzlich empfehle ich, das Telefon zwei- bis dreimal läuten zu lassen bevor Sie den Hörer abnehmen. Konzentrieren Sie sich während dieser Zeit auf eine angenehme Begrüßung. Sie werden die Erfahrung machen, dass vor allem bei Beanstandungen, bzw. mit Reklamationen Sie in den ersten Sekunden die Möglichkeit haben, Ihrem Gesprächspartner den Wind aus den Segeln zu nehmen. Vergessen Sie nicht, dass es sich bei Reklamationen um ein Produkt und nur im seltenstem Fall um Ihre eigene Person geht: Nehmen Sie es nicht persönlich!
Gerade am Telefon gilt: Ein paar freundliche Worte steigern das Wohlbefinden und lassen die Möglichkeit für positive Verhandlungen stark ansteigen (nicht zu verwechseln mit Dauergesprächen).

Haben Sie gerade ein Meeting, bitten Sie eine andere Person in dieser Zeit die Gespräche anzunehmen und zu notieren oder schalten Sie ggf. Ihren Anrufbeantworter (Voice Mail) ein. Der Zeitaufwand eines Rückrufes ist im Endeffekt kleiner, da Sie sich besser auf eine Sache konzentrieren können.

Wenn dies nicht möglich ist, halten Sie einen Notizblock auf dem Bürotisch bereit, um im Anschluss an eine persönliche Besprechung die wichtigen Rückrufe in Ruhe nachholen zu können.

Beispiel

„Im Moment habe ich gerade Kundschaft, ich rufe Sie jedoch gerne später zurück. Bitte geben Sie mir Ihre Telefonnummer,... herzlichen Dank für Ihr Verständnis."

Nach einem informativen Gespräch ist es sinnvoll, die wichtigsten Punkte nochmals kurz zu wiederholen und einen Abschiedsgruß mit dem Namen des Telefonpartners anzuhängen. Sie vermitteln so ein Gefühl der persönlichen Betreuung und der Wertschätzung.

Der Kunde ist König!

(allgemeines Sprichwort)

Die Reklamation

reklamieren: zurückfordern, für sich beanspruchen; wegen irgendwelcher Mängel beanstanden, Beschwerde führen (aus: Meyers Enzyklopädisches Lexikon)

ÜBER DAS THEMA REKLAMATION können sicher auch Sie Ihre Anekdoten erzählen. Jeder von uns hat als Kunde schon die eine oder andere Erfahrung mit einem Produkt gemacht, das nicht den eigenen Erwartungen entspricht. Andere von Ihnen haben die Kehrseite der Medaille kennengelernt und schlagen sich täglich mit unzufriedenen Kunden herum. Ob nun eine Reklamation gerechtfertigt ist oder nicht, das Wichtigste ist, sie erst einmal anzunehmen. In diesem Kapitel über die Beschwerden dieser Welt, geht es mir zuallererst darum, wie Sie positiv und mit Stil (im Zusammenhang mit zuvorkommendem Verhalten) Ihre Beschwerden annehmen können.

Ein amerikanischer Industrieller, Chef eines großen Kaufhauskonzerns, sagte in einem Fernsehinterview: „Jede Reklamation ist zuallererst einmal als Chance anzusehen. Chance den Kunden persönlich zufrieden zu stellen und Ihm ein spezielles Gefühl von individueller Kundenbetreuung zukommen zu lassen. Unser Interesse ist nicht das einmalige Kaufen, sondern das Erhalten einer guten Stammkundschaft."

Gründe für eine Reklamation gibt es oft genug. Den meisten von uns fällt es leicht, eine Beanstandung los zu werden – eine Beschwerde zu empfangen ist dagegen wesentlich unangenehmer.

Eine Reklamation nicht nur als solche zu sehen, sondern diese als Chance nutzen um den Kundenkontakt zu intensivieren hört sich im ersten Moment vielleicht etwas suspekt an, ist jedoch Ziel eines guten Reklamationsmanagements.
Selbstverständlich muss differenziert werden, ob Sie einen Kunden vor sich haben, der „die Beschwerde" an sich zu seinem Hobby gemacht hat, oder ob dieser Kunde eine Beschwerde anbringt, die (wenn auch nicht immer gleich zu erkennen) einen triftigen Grund hat.

„Es ist meistens nicht die Beschwerde an sich, sondern die Art und Weise wie diese im Einzelfall vorgebracht wird" – das ist richtig, trotzdem gilt es erst einmal Verständnis aufzubringen, ansonsten ist eine effektive Hilfe, Kundenservice nicht möglich.

Es gilt für beide Seiten, für die Person, die eine Beschwerde anbringt, als auch für denjenigen welcher diese zu bearbeiten hat, mit einer freundlichen, höflichen Art und Weise werden Sie mehr Erfolg haben Ihr Anliegen anzubringen, bzw. es zu bearbeiten.

Es kommt immer darauf an, wie wir reagieren, wie wir miteinander umgehen.

Kommt eine Person mit einer Reklamation zu uns, müssen wir zuallererst zuhören. Es ist manchmal eine kleine Doktorarbeit, je nach Produkt, die wirkliche Ursache des „Nicht-Gefallens" zu erforschen. Oft ist es möglich, z.B. durch einen Umtausch des Produktes den Kunden schnell zufriedenzustellen.

Das Übel erkennen heißt schon, ihm teilweise abhelfen.

(Otto von Bismarck)

Kundenservice
Kundenbetreuung

Kundenservice, Kundenbetreuung

ist heute sehr wichtig und die einzige Chance, Kunden zu gewinnen und zu erhalten. Produkte gibt es wie Sand am Meer und viele sind austauschbar geworden. Sie haben vor allem in der Betreuung Ihrer Kunden die Möglichkeit, sich hervorzuheben. Ich möchte Ihnen hierzu zwei Beispiele aufzeigen, welche dies verdeutlichen.

Beispiel Nr. 1

Als mein Mann und ich letztes Jahr ein neues Geschäftsauto suchten, hatten wir nach verschiedenen Angeboten zwei Autos in der engeren Auswahl. Trotz vielem beruflichen Stress nahmen wir uns die Zeit, einen Tagesausflug zu Autohaus „X" zu unternehmen.

Es war schlechtes Wetter und nach zwei Stunden Fahrt und einer weiteren halben Stunde des Wartens auf den Verkäufer waren wir sichtlich nicht in guter Stimmung.

Unser Autoverkäufer übrigens auch nicht. Er gab uns die Schlüssel, mit der Bemerkung „Sie werden doch sicherlich nicht zu lange wegbleiben, da in einer halben Stunde noch ein anderer Interessent kommt."

Die Probefahrt ging nicht lange und wir waren froh, schon bald wieder zu Hause zu sein, obwohl das Auto an sich unseren Ansprüchen voll entsprach.

Beispiel Nr. 2

Zwei Wochen später, das Wetter war nicht viel besser, besuchten wir Autohaus „Y".

Nach einer Stunde Anfahrt wurden wir sofort freundlich empfangen und uns ein Platz sowie ein Getränk nach Wahl angeboten.

Unser Verkäufer setzte sich eine Viertelstunde zu uns, um uns auf die Besonderheiten dieses Fahrzeugs aufmerksam zu machen.

Seine ganze Aufmerksamkeit galt in dieser Zeit uns (zwei Telefonate wurden an andere Personen weitergeleitet).

Nachdem wir von der Probefahrt zurückkehrten, setzten wir uns nochmals mit dem Verkäufer in sein Büro und erzählten ihm von unseren positiven Eindrücken, gleichsam hatten wir jedoch festgestellt, dass eine Signalleuchte am Armaturenbrett nicht richtig funktionierte.

Und dann passierte genau das, was uns letztendlich zum Kauf dieses Autos veranlasste: Der Verkäufer rief ohne lange Erklärungen (...das ist ein Gebrauchtwagen, das war schon immer so, da kann man nichts machen,...) sofort den Meister und dieser machte eine gemeinsame Probefahrt mit uns. Er bestätigte unsere Beanstandung, nahm das Auto mit in die Werkstatt und behob diese Fehlfunktion.

An diesem Beispiel wird klar, dass es wenig Sinn macht Beanstandungen wegzureden.

Wichtig für einen guten Kundenservice ist:
- Sich die notwendige Zeit für den Kunden zu nehmen.

- Den Kunden ernst zu nehmen und ihm zuzuhören!

- Den Kunden zu betreuen und ihm die notwendige Aufmerksamkeit zu schenken.

- Den Kunden als Person, Mensch wahrzunehmen, nicht nur als potentiellen Käufer.

- Aufmerksam zu sein, auch was Höflichkeit und Umgangsformen betrifft. Die Tür aufzuhalten, den Kunden zu begleiten, etwas zu trinken anzubieten etc.

Rede wenig!
Höre mehr!
Plaudern
bringt wenig
Ehr'!

(Deutscher Reimspruch)

■ Lassen Sie sich nicht von Jeans und Rollkragen oder dem Alter des Kunden in der Art und Weise wie Sie mit ihm umgehen beeinflussen. Ein Anzug und eine Krawatte allein hat noch nie etwas gekauft. Unser Autohaus verkaufte übrigens seinen teuersten Wagen an einen Mann im „Blauen Anton".

■ Kleine Geschenke, sei es der Blumenstrauß für die Frau oder der Winzersekt für den Mann, nicht nur nach dem Verkauf, sondern auch für berechtigte Reklamationen bereithalten.

■ Es war für mich sehr interessant zu hören, dass ein Freund unserer Familie, nach dreimaligem Werkstattaufenthalt, noch immer von seinem neu gekauften Auto begeistert ist. Und dies trotz lästiger „Fließbandmängel". Warum? Er hat aufgrund der Unannehmlichkeiten einen CD-Wechsler als Entschädigung für seine Geduld bekommen. Es sind manches mal wirklich die (relativ) kleinen Dinge, die das Herz erfreuen.

■ Vergessen Sie die Kinder nicht, sie sind nicht nur die Kunden von morgen, sie sind auch schon die Kunden von heute!
Wenn Sie z.B. ein Familienauto verkaufen möchten, ist auch das Kind Ihr Kunde und braucht ebenso Betreuung im Sinne von Aufmerksamkeit und Zuwendung. Ein durstiges, hungriges oder gelangweiltes Kind kann für Sie jegliche positiven Verkaufsverhandlungen zunichte machen. Überlegen Sie sich, ob es nicht möglich ist, für Kinder einen kleinen Bereich zu Verfügung zu stellen (Spielecke), so dass Sie sich den Eltern in Ruhe zuwenden können.

■ Verkaufsfördernd ist ebenso: Eine persönliche Aufmerksamkeit für gute, langjährige Kunden.

■ Service ist heute mit Hilfe des Computers in vielen Fällen einfacher geworden und kann produktiv eingesetzt werden.
Hier ein Beispiel unseres Automechanikers in Frankreich, Monsieur Boegelin: Seit der ersten Inspektion unserer Autos, bekommen wir regelmäßig vier Wochen vor der nächsten Inspektion (TÜV), eine kleine Postkarte zugesandt, ebenso werden wir per Postkarte auf Angebote für Ölwechsel, Bremskontrolle, Lichteinstellung etc. aufmerksam gemacht.
Dieser Service, diese Aufmerksamkeit verhindert einerseits, dass wir etwas Wichtiges vergessen, andererseits nimmt er uns Denkarbeit ab - ein Luxusgeschenk in der heutigen Zeit.

■ Denken Sie immer daran: Fühlt Ihr Kunde sich von Ihnen verstanden und gut betreut, kommt er gerne und oft wieder und er empfiehlt sie weiter.

Wer (sich selbst) überwindet, der gewinnt.

(Goethe „Faust")

Gedanken zum Thema
Essen

GUTE MANIEREN, das Beherrschen der Tischsitten, ist heute, vor allem in gehobeneren Arbeitsbereichen, nicht weniger gefragt, als vor dreißig oder vierzig Jahren.

Geschäftsessen

Der Chef lädt zum Essen ein, den Anwärter für einen verantwortungsvollen Posten, nach wichtigen Verhandlungen, zum ersten Treffen mit einem neuen Geschäftspartner. Er erwartet von seinen Angestellten gutes Benehmen und gute Tischmanieren, denn nicht nur er selbst, sondern auch sie repräsentieren die Firma.

Tischregeln
Tischmanieren

Es gibt sie, die genau definierten Tischregeln, aber Achtung: andere Länder, andere Sitten! Denn was bei uns in Deutschland als üblich und anständig gilt, kann unter Umständen in einem anderen Land als grober Verstoß an Tischmanieren gelten.

Ein Beispiel macht dies sehr deutlich: Im Kindesalter wird uns immer wieder gesagt: „Bitte lass' Deine Hände auf dem Tisch!"

Gehen wir nach England, dann ruhen die Hände, solange sie kein Besteck in der Hand halten, grundsätzlich auf dem Schoß.

In Amerika wiederum befindet sich die linke Hand fast ausschließlich auf dem Schoß, es sei denn, sie wird z.B. zum Schneiden von Fleisch gebraucht.

Es gibt Regeln, die von Land zu Land abweichen.

Haben Sie den Wunsch oder die berufliche Pflicht,

Der Mensch ist, was er isst.

(Ludwig Feuerbach)

in ein anderes Land zu fahren, dann machen Sie sich die Mühe, sich vorher über Anstandsregeln und Tischsitten zu erkundigen.

Das Kennen von fremden Gebräuchen und Sitten vermeidet Missverständnisse und ist ein Zeichen von Respekt und Achtung dem anderen Land gegenüber.

Bei den Buchempfehlungen finden Sie diverse -Titel, die sich speziell mit den Sitten und Gebräuchen anderer Länder befassen.

Bevor ich nun über allgemein gültige Regeln im Bereich Essen und Tischmanieren zu berichten beginne, möchte ich Ihnen noch etwas über meine persönliche Einstellung zu diesem Thema erzählen: Ob in einem Fünf-Sterne-Restaurant, in der netten Gaststätte von nebenan, ob zu Hause oder bei Freunden auf der Terrasse, wir sollten uns alle immer wieder aufs Neue bewusst machen, wie groß die Vielfalt, die Möglichkeiten und die Sortenauswahl im deutschem Lande ist.

Dies allein ist ein großes Geschenk, welches wir täglich genießen können.

Und wenn wir uns jetzt noch klar machen, dass in jeder zubereiteten Mahlzeit, Aufmerksamkeit, Arbeit, Mühe und vor allem Liebe steckt, sollte es eigentlich auch selbstverständlich sein, unsere Nahrung, unsere Mahlzeiten mit mehr Respekt und Liebe zu verzehren.

Es würde nicht nur den Köchen dieser Welt (und hierzu gehören natürlich auch alle Hausfrauen und Hausmänner) viel Freude bereiten, sondern auch unser Geist und Körper, kann dadurch mehr Kraft erhalten.

Gute Tischsitten bedeuten für mich im Grunde genommen nichts anderes als Anerkennung und Dank dem Gastgeber und den anderen Gästen gegenüber, ebenso Respekt dem Koch oder der Köchin für deren Mühe und für das ausgezeichnete Essen.

So wie man isst, so liebt man.

(Jirina Prekop)

Einladung in's
Restaurant

Restaurantauswahl

BEVOR SIE JEMANDEN in ein Restaurant zum Essen einladen, ist es wichtig ein „dem Zweck der Einladung entsprechendes" Restaurant auszusuchen.

Für ein Essen zu zweit, wird es eher ein kleineres gemütliches Lokal sein, während bei einer größeren Gruppe ein größeres Restaurant, eventuell mit Nebenraum, günstig ist.

Platzreservierung

Haben Sie eine entsprechende Lokalität gefunden, reservieren Sie die benötigten Plätze für Ihre Gäste.

Bei frühzeitiger Reservierung ist es in den meisten Restaurants möglich, einen Wunsch bezüglich des Tisches zu äußern, bzw. einen Platz nach Ihrer Wahl zu reservieren. Dies kann der besagte Nebenraum sein oder ein Fensterplatz für zwei.

Sitzordnung

Sind mehrere Gäste eingeladen, sollten Sie sich Gedanken über eine, dem Anlass entsprechende, Sitzordnung machen. Hierbei gibt es die Möglichkeit der

Tischkarten

Tischkarten, welche von den Restaurantfachleuten meistens bereitgestellt werden können.

Bei einer kleineren Anzahl der Gäste können Sie die Plätze auch persönlich zuweisen oder von den Gästen auswählen lassen.

Feststehende Sitzregeln, wie es sie noch früher gab, werden heute kaum noch angewandt. Es ist wichtiger, darauf zu achten, dass jede der eingeladenen Personen sich wohl fühlt. Setzen Sie Personen nebeneinander, die das gleiche Hobby oder andere gleichsame Interessen haben, so schaffen Sie die Basis für anregende Gespräche.

Ehepartner auseinander zu setzen, ist in der heutigen Zeit in der man sich kaum noch sieht, nicht immer sehr beliebt. Sie kennen Ihre Gäste, entscheiden Sie selbst.

Dem Protokoll zufolge werden der Ehrengast bzw. die Ehrengäste der Rangfolge nach neben dem Gastgeber/in plaziert. Aber auch hier wird, zu Gunsten einer angenehmen Atmosphäre, dies nicht mehr so eng gesehen. Entscheiden Sie hier je nach Gästen und dem Grund der Einladung, welche Sitzordnung Ihnen am günstigsten erscheint. Ausnahmen: bei streng nach Protokoll zu verfahrenden Einladungen, zum Beispiel bei internationalen Gegebenheiten.

Sitzordnung

Spricht eine der eingeladenen Personen nur eine Fremdsprache, setzen Sie einen sprachgewandten anderen Gast, dieser zur Seite.

Bei wichtigen Einladungen ist es immer angebracht, eventuellen Blumenschmuck, Weinangebote und vor allem das Menu (mindestens zwei zur Auswahl, wobei eines vegetarisch sein kann) vorab mit dem Restaurant abzusprechen. Lassen Sie sich die besprochenen Punkte schriftlich geben. Je besser die Vorbereitungen Ihrerseits, je schöner der Abend!

Menüauswahl

Sollten Sie sich mehr als das berühmte akademische Viertel verspäten, aus welchen Gründen auch immer, so empfiehlt es sich auch beim Besuch eines Restaurant, sich telefonisch zu entschuldigen und darauf hinzuweisen, wann Sie kommen. Es wäre ansonsten sehr schade, wenn Ihr Tisch nicht mehr frei wäre (bei mehr als einer Stunde Verspätung kann Ihr Tisch durchaus einem anderen Gast übergeben werden), und ein höflicher Gast wird auch gerne dementsprechend zuvorkommend behandelt.

Pünklichkeit

Eintreten in's
Restaurant

DAS ABNEHMEN DES MANTELS oder der Jacke sollte bei Damen und „älteren Herrschaften" eine Selbstverständlichkeit sein. Die Garderobiere ist übrigens die einzige Frau, der es gestattet ist, dem Mann in bzw. aus dem Mantel zu helfen.

In den meisten Restaurants werden Sie von einem Ober (Kellner) an den Tisch geleitet, wobei Sie zuerst gefragt werden, ob Sie reserviert haben oder nicht. Sie folgen dem Ober und entscheiden sich bevor Sie Platz nehmen, für oder gegen diesen angebotenen Tisch. Entspricht der Platz nicht Ihren Wünschen, fragen Sie freundlich, ob noch ein anderer Tisch frei ist. Denn ein Tisch der Ihnen nicht zusagt, kann Ihnen den Genuss und den ganzen Abend verderben.

Sind Sie zu zweit, folgt die Dame dem Ober und der Herr (Gastgeber) bildet den Schluss. Ist die Dame selbst die Gastgeberin, so nimmt sie in diesem Fall den Platz des Herrn ein. Werden Sie nicht zum Tisch geführt, können Sie sich selbst einen freien Tisch aussuchen. Hierbei geht der Herr vor der Dame „um Ihr den Weg zu bahnen" (früher hieß es: Um die Dame vor den Blicken anderer Herren zu schützen) bis zum Tisch, das gleiche gilt beim Eintritt in ein Restaurant. Ein Gentleman lässt die Dame (der Gastgeber den Gast) einen Platz aussuchen und wird ihr den Stuhl zurecht rücken. (Vorsicht: Das Stuhlrücken muss gelernt sein, unangenehme Unfälle können sonst die Folge sein.)

Die Bestellung

Die Bestellung der Speisen kann bei einer kleineren Anzahl Gäste der Gastgeber/die Gastgeberin übernehmen.

Bei mehreren Personen bzw. mehreren Gängen eines Menüs ist es für den Kellner einfacher, von jedem Gast die Bestellung persönlich aufzunehmen. So können Verwechslungen und Überbestellungen vermieden werden.

Die Weinkarte gehört auf jeden Fall in die Hand des Gastgebers es sei denn, er gibt sie persönlich an einen Gast weiter, von dem er weiß, dass dieser sich besser mit Weinen auskennt. (Mehr zum Thema Wein ab S. 132).

Weinkarte

Rund um's Essen

WENN SIE EINE EINLADUNG in ein Restaurant, geschäftlich oder privat, erhalten haben, bzw. geben, ist es wichtig, die Grundregeln unserer Tischsitten zu kennen und zu praktizieren.

Seien Sie bei Einladungen immer pünktlich, vor allem bei Einladungen zum Essen ist eine Verspätung sehr unangenehm, sowohl für den Gastgeber als auch für die anderen Gäste.

Achten Sie auf Ihre Körperhaltung

Setzen Sie sich gerade, und lassen Sie Ihre Hände auf dem Tisch, neben dem Gedeck. Die Arme sollten sich nur bis zur Mitte des Unterarmes rechts und links vom Teller befinden. Die Ellenbogen bleiben grundsätzlich vom Tisch. Das Essen wird zum Mund, nicht der Mund zum Essen geführt, dasselbe gilt auch beim Trinken, das Glas wird zum Mund geführt, nicht umgekehrt.

Sprechen Sie nicht mit vollem und kauen sie mit geschlossenem Mund.

Nehmen Sie keine zu großen Stücke auf einmal, lassen Sie sich Zeit. Das sieht nicht nur besser aus, es ist auch gesünder.

Gabel und Messer (allgemein das Besteck), wird zum Essen und Schneiden benützt, nicht zum Sprechen oder gar zum „Erstechen" des Tischnachbarn. Verwechseln Sie nie das Messer mit der Gabel, nehmen Sie das Messer nicht in den Mund.

Essen Sie nicht mit den Fingern, es sei den Sie haben es mit einem typischen „Fingergericht" zu tun. Zu den Fingergerichten zählen unter anderem Artischocken, alle Arten von Schalentieren (Hummer, Scampi, Krabben, Krebse, Langusten, Austern, Muscheln), falls nicht schon vorher ausgenommen, ebenso wie Spareribs (gegrillte Rippchen) und Wachteln. Zu diesen Speisen wird Ihnen immer eine Schale mit (Zitronen-) Wasser und eine extra Serviette oder ein heißes Frotteetuch gereicht. (Diese Serviette wird nach dem Abtrocknen der Hände nicht mehr auf den Schoß, sondern auf das Tablett/den Teller auf dem es gebracht wurde zurückgelegt.)

Fingergerichte

Fingerschale

Mit dem Besteck bitte nicht klappern und quietschen, und auch mit dem Kaffeelöffel sollten Sie nicht den Tassenboden aufkratzen.

Brauchen Sie Salz oder Pfeffer etc., so bitten Sie den Kellner darum und bedienen Sie sich nur im äußersten Notfall selber.

Zwischen den Gängen eines Menus wird auf keinen Fall geraucht, es wäre nicht nur intolerant den Nichtrauchern gegenüber, es macht auch die Geschmacksnerven für den/die nachfolgenden Gänge unsensibel.

Rauchen

Digestif Wenn der Kaffee bzw. der Digestif (nach dem Dessert) gereicht wird, kann auch wieder geraucht werden. Vergewissern Sie sich jedoch vorher, ob alle Gäste mit dem Essen fertig sind, und fragen Sie höflichkeitshalber die anderen Gäste, ob es erlaubt ist.

Rauchen Sitzen Sie in einer Nichtraucherzone eines Restaurants, so so müssen Sie leider auch nach dem Dessert auf Ihre Zigarette verzichten.

Gastgeber und Gäste haben am Tisch Ihren Platz eingenommen, die Getränke für alle Anwesenden sind serviert.

Jetzt ist es Zeit für den Gastgeber, sein Glas zu erheben und sich mit zwei, drei Sätzen für Ihr Kommen zu bedanken, und den Abend zu eröffnen. Beim Essen wartet der Gastgeber, bis der erste Gang serviert ist und beginnt als erster mit dem Essen.

Tischrede Zum Thema „Tischreden halten" gibt es keine feste Regel. D. h. es sollte je nach Anlass und Situation entschieden werden, wann der richtige Zeitpunkt für eine Ansprache ist.

Beispiel
Sind die Gäste aufgrund eines besonderen Anlasses zusammengekommen, bietet es sich an, vor dem Eindecken der Suppe eine Tischrede zu halten.
Hatten Ihre Gäste jedoch einen längeren Anfahrtsweg oder haben Sie eine größere Rede vorbereitet, sollten Sie den Gästen die Suppe vor Ihrer Rede gönnen.
Bei Business-Essen empfiehlt es sich, vor oder nach dem Dessert für das gute Gespräch/Verhandlungen zu danken.

Beschwerde im Restaurant

Haben Sie als Gast in einem Restaurant eine Beschwerde anzubringen, sei es weil Sie nicht das bestellte Gericht oder eine lauwarme Suppe etc., serviert bekommen haben, ist es sinnvoll, dies gleich in diesem Moment wenn Sie es bemerken auch zu sagen. Denken Sie daran, der Kellner hat weder das Essen gekocht, noch hat er es probiert. Geben Sie Ihre Reklamation freundlich dem Ober weiter und bitten Sie ihn sich Ihrem Anliegen anzunehmen.

Zum Beispiel: „Entschuldigen Sie bitte, aber die Suppe ist leider auf dem Weg zu mir kalt geworden, ist es bitte möglich...."
Und nicht erst die Suppe essen mit der anschließenden Bemerkung: „Also ich muss schon sagen, eigentlich habe ich eine Suppe bestellt und keine kalte Brühe...."
Auch im besten Restaurant kann einmal was schiefgehen, geben Sie dem Restaurantpersonal die Chance Sie zufriedenzustellen und vergessen Sie nicht: Mit einem freundlichen Ton können Sie mehr erreichen als mit viel lautem Getöse.

Beschwerde

Die Serviette

BEVOR DER ERSTE GANG SERVIERT WIRD, nehmen Sie die Serviette und legen diese, einmal gefaltet, mit der offenen Seite zum Tisch, auf Ihren Schoß.

Die Serviette wird immer vor dem Trinken benützt, um ein fettfreies Glas zu garantieren. Hierzu falten Sie die Serviette ein kleines Stückchen auf, wischen oder tupfen Ihren Mund ab und falten diese zurück. So können Sie sich sicher sein, dass auch Ihr Kleid oder Ihre Hose von Flecken verschont bleiben.

Müssen Sie kurz vom Tisch weggehen, legen Sie die Serviette, zweimal gefaltet, links neben Ihren Teller ab, ansonsten hat die Serviette ihren Platz nur auf Ihrem Schoß.

Nach dem Essen wird die Serviette locker zusammengelegt und ebenfalls links neben den Teller gelegt. Bitte nie in den Teller, auch nicht die Papierservietten.

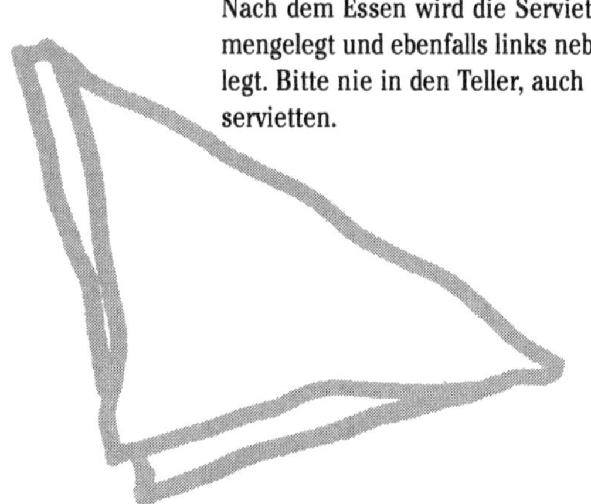

Das Menü

IN VIELEN RESTAURANTS wird als erstes „Ein Gruß des Hauses" serviert, das sogenannte „Amuse-gueule". Darunter versteht man ein kleines, kostenloses Häppchen, kalt oder warm serviert.

Es ist meist eine kleine, feine Spezialität der Küche (des Kochs), mit Liebe zubereitet. Ist es etwas, das Sie nicht mögen (z. B. Fisch), müssen Sie dieses selbstverständlich nicht essen. Bedanken Sie sich aber kurz, zum Beispiel mit den Worten: „Danke, es sieht wirklich sehr gut aus, aber ich esse keinen Fisch".

Das Amuse-gueule wird mit dem dazugehörigen Besteck serviert und vom Servicemitarbeiter benannt.

Brotteller

Der Brotteller wird links neben den Gabeln eingedeckt, wenn zu wenig Platz ist, etwas oberhalb der Gabeln. Es werden meist kleine Brötchen, Toast oder Brotscheiben serviert und dazu Butter, kleine Töpfchen mit Kräuterquark, Schmalz etc. gereicht.

Brotmesser

Auf dem Brotteller wird das Brotmesser beigelegt, welches ausschließlich für die Butter gebraucht wird.

Oft ist die Butter oder ein anderer Brotaufstrich auf einem extra Teller oder in einem Töpfchen, und das Buttermesser liegt dabei. In diesem Fall entnimmt man mit dem Messer die gewünschte Menge, legt sie auf dem eigenen Brotteller ab und legt das Messer zurück.

Vom Brot wird jeweils ein mundgerechtes Stück abgebrochen, mit dem eigenen Brotmesser bestrichen und verspeist.

Ausnahme: Beim Frühstück wird das Brötchen in zwei Hälften geschnitten, zuerst eine Hälfte bestrichen und verspeist, anschließend die zweite Hälfte.

Vorspeise

Nach dem Amuse-gueule wird die (erste) Vorspeise serviert.

Die Vorspeise kann kalt sein oder eine warme Suppe. Die Anordnung variiert je nach Anzahl der Gänge und nach Auswahl der einzelnen Gerichte eines Menüs. Ob Ihnen nun ein kleines Drei-Gang-Menü, ein Fisch-Menü, ein vegetarisches Menü oder ein großes Sieben-Gang-Menü serviert wird, es bleibt allein dem Chefkoch und seinem Team vorbehalten wie er jeweils die Gänge zusammenstellt.

Menü Reihenfolge

Es gilt heute in der Gastronomie, die einzelnen Gänge und deren Reihenfolge nicht nur streng nach einer bestimmten Anordnung zu erarbeiten, sondern auch mit Phantasie und Kreativität (ich würde auch gerne sagen „Kunst"), und natürlich nach den Vorlieben des jeweiligen Koches.

Doch eine feste Regel besteht immer :

„Kalt" wird vor „warm" serviert bzw. gegessen und die einzelnen Gerichte müssen eine Steigerung des Geschmacks beinhalten, das heißt: Zuerst werden die leichten Speisen, dann in steigender Folge die schwereren bzw. die geschmacksintensiveren Speisen gereicht.

Mich ergreift, ich weiß nicht wie, himmlisches Behagen

(Goethe „Tischlied")

Beim Käseteller, wenn dieser nicht vom Gast selbst zusammengestellt wird, gilt das gleiche Prinzip: Zuerst werden die leichten, weichen Käsesorten, dann die würzigen, harten Käsesorten gegessen.

Käseteller

Nach dem Käseteller wird das Dessert (mehr auf S. 128) serviert. Das Dessert kann heiß oder kalt oder aus beidem (Eis mit heißen Früchten) bestehen und ist bei jedem Menü das „Tüpfelchen auf dem i".

Dessert

Das Menü endet mit dem Digestif, dieser besteht entweder aus einem Espresso, Kaffee oder aus einem Weinbrand (Cognac). Selbstverständlich kann auch der Kaffee mit dem Cognac genossen werden.

Digestif

Jetzt können, falls für die anderen Gäste nicht störend, sich die Raucher wieder dem Zigarren-/Zigarettengenuss widmen.

Rauchen

Beispiele, wie Menüs aussehen können, gebe ich Ihnen auf der folgenden Seite an.

Freundlicherweise von Katrin und Engelbert Hau, Kapuzinergarten in Breisach, zusammengestellt.

Unsere Menüempfehlungen
Menü I:

Schnecken mit Spargelstücken und Ingwer
-les escargots au gingembre et asporges-
***

Doradenfilet mit Pastis flambiert
dazu Schwarze Nudeln
-la dorade flambée au pastis et nouilles noires-
***

Erdbeersüpple mit Eis
von Blutorangenlikör und grünem Pfeffer
-la soupe des fraises et glace à la liqueur de sangrine et poivre vert-
DM 49,00

Ein vegetarisches Menü'le:

Gemüsecarpaccio
-le carpaccio de légumes-
***

Pilze im Nudelteig mit Salbeibutter
-les ravioli avec champignons et beurre à la sauge-
***

Spargeln mit Rhababer und Kratzede
-les asperges à la rhubarbe-
***

warmer Schokoladekuchen
-le moelleux de chocolat-
DM 49,00

Menü II:

luftgetrocknetes Rinderfleisch

-la viande de boeuf sechée-

* * *

Fischsuppe

-la soupe de poisson-

* * *

Riesengarnelenschwänze
mit Ziegenkäse gratiniert

-les gambas gratinées au chèvre chaud-

* * *

Lammfilet mit frischem Thymian

-le filet d'agneau aux thym du jardin-

* * *

Rohmilchkäse

-les fromages au lait cru affinés-

* * *

Desservariation

-la variation de desserts-

DM 98,00

Das besondere Dessert
ab 2 Personen:

(zu bestellen vor dem Essen)

-ein karamelisierter Apfelblätterteigkuchen-

Tarte Tatin

DM 18,50 /Person

Das Besteck

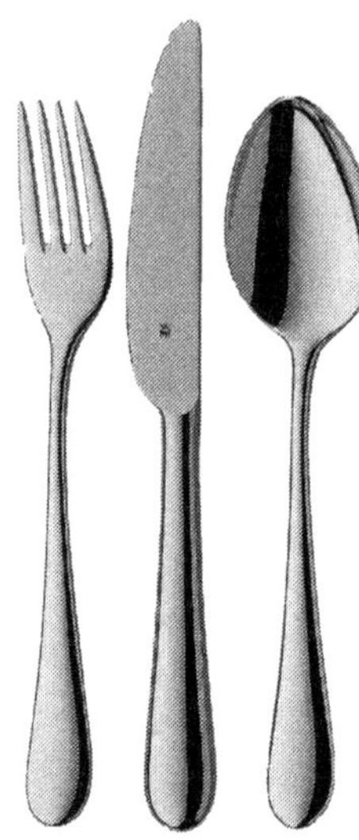

Essbesteck

JEDER KENNT ES, jeder hat es regelmäßig in der Hand, doch kaum einer bemerkt mit welcher Liebe, Sorgfalt und großer Präzision Besteck heutzutage hergestellt wird.

Einer der schönsten Tage in unserem Leben, die Hochzeit, ist auch heute oft noch Anlass, sich mit diesem Thema einmal auseinanderzusetzen. Die Wohnung hat schon Ihren Anstrich, die Möbel wurden schon des öfteren hin und her gerückt, aber das Tafelgeschirr und das Besteck der „Single-Zeit" lässt zu wünschen übrig. Früher war es noch Tradition, zur Hochzeit das erste Silberbesteck (oft weitervererbt von den Großeltern oder Eltern) überreicht zu bekommen. Heute liegt es meist an einem selbst, sich ein schönes Besteck anzuschaffen.

In Geschirr-Fachgeschäften erhalten Sie eine große Auswahl an Bestecken, hergestellt aus verschiedenen Materialien. Die Angebote reichen von Massivsilber (800er Silber/80% reine Silberlegierung und 20% Kupfer), Sterling-Silber (925er Silber/92, 5% Anteil von reinem Silber und 7,5% Kupfer),über 90 g hartversilbertem bis 150g massiv-versilbertem Material, poliert oder matt, bis hin zum pflegeleichten Chrom-Nickel-Stahl und dem Cromargan.

Die Weiterentwicklung von Design und Material geht ständig voran, so haben Sie für jede Gelegenheit die Möglichkeit, sich „Ihr" Besteck auszusuchen.

Für das Besondere eignet sich auch heute noch sehr gut das klassische Silber-Besteck. Für das nicht minder wichtige Essen mit der Familie sollte das Besteck pflegeleicht sein und der Spülmaschine trotzen können ohne seinen hohen Standard aufzugeben. Hier empfehlen sich Bestecke aus Chromnickelstahl oder aus Cromargan.

Das Cromargan ist übrigens die eingetragene Marke der Firma WMF für Edelstahl Rostfrei 18/10. Diese Legierung aus 72% Stahl, 18% Chrom und 10% Nickel, geben diesen Bestecken die Eigenschaften: rostfrei, säurefest, glänzend und spülmaschinenfest.

Zum Thema Design kann ich nur raten: Schauen Sie genau hin! Ob elegant oder klassisch, ob innovativ oder der Tradition verbunden, das Besteck, das zu Ihnen passt - und für Sie und Ihre Gäste weit mehr als nur ein Werkzeug ist - wartet schon auf Sie.

Geben Sie Ihrem Besteck die Ehre, die es verdient und holen Sie es aus seinem Schattendasein heraus. Ein gutes Essen bedeutet nicht „nur" einen guten Koch zu haben, sondern auch das ganze Ambiente sollte ein Erlebnis besonderer Art werden. Und einem schönen Besteck schenkt man seine Wertschätzung mit dem Wissen um die Kunst, es zu benutzen.

Bevor ich näher auf die richtige Handhabung des Besteckes eingehe, möchte ich zuallererst daran erinnern, dass es unter uns Rechtshänder und Linkshänder gibt und beide die gleichen Rechte und Pflichten haben, was das Thema Essen angeht.

Das heißt, dass es nicht nur geduldet wird, wenn (nicht umtrainierte) Linkshänder das Messer in die linke Hand nehmen, sondern dass es als „höflich" anzusehen ist (vorausgesetzt man weiß davon), einem Linkshänder das Gedeck dementsprechend (spiegelverkehrt) einzudecken.

Fischbesteck

P.S.

Käsemesser

Ich habe in meinem Buch bewusst auf den Zusatz wie: „bei Linkshändern wird das Messer/Gabel..., in die linke Hand genommen..." verzichtet, da ich davon ausgehe, dass dies nun selbstverständlich ist.

Bei jeder Einladung zu Hause oder im Restaurant ist es sehr wichtig, die Räumlichkeit (bzw. das Restaurant) für die jeweilige Angelegenheit gut auszusuchen. Das ganze Tischbild soll in einer angenehmen Harmonie mit dem Menü in Einklang stehen.

Eindecken des Besteckes

Die Messer liegen rechts, die Gabeln links. Der Suppenlöffel (bei einer Tellersuppe) wird auf der rechten Seite bei den Messern eingedeckt. Das Dessert-Besteck liegt oberhalb des Tellers, wobei die Gabel mit dem Griff nach links zeigt und darüber der Löffel mit Griff nach rechts gelegt wird.

Das Besteck wird immer von außen nach innen verwendet!

Bei kleineren Anlässen wird im Restaurant grundsätzlich nur für drei Gänge, für jeden weiteren Gang jeweils neu eingedeckt. So wird vermieden dass der Tisch überhäuft und der Gast unnötig verunsichert wird.

Wird Ihnen bei einem Gang eines Menüs, ein Besteck mitserviert (z.B. Suppenterrine mit kleinem Suppenlöffel), wird in diesem Fall das Gericht auch mit diesem Besteck gegessen.

Das kleine Brotmesser liegt auf dem Brotteller (links neben den Gabeln) und das Buttermesser auf dem Butterteller.

Spezialbesteck

Wird ihnen ein Besteck eingedeckt, welches Sie noch nicht kennen ist es am Besten, Sie schauen Ihrem Tischnachbarn bei der Benutzung dessen zu. Ist kein vertrauenswürdiger Tischnachbar vorhanden, so scheuen Sie sich nicht, das Servicepersonal zu fragen. Dies ist immer noch besser, als mit einer Schneckenzange den Selleriesalat zu genießen.

(Mehr zum Thema Spezialbesteck S. 117, Wie wird das gegessen?)

Hummergabel

Herzlichen Dank an die Firma WMF für die Bereitstellung des Bildmaterials der Bestecke und Gläser.

Das Gedeck

Vieles wünscht sich der Mensch, und doch bedarf er nur wenig.

(Goethe „Herman und Dorothea")

ZUM EINEN SIND ES DER ORT, der Raum und die Gäste, die die richtige Atmosphäre eines schönes Essens ausmachen. Aber auch die Art und Weise wie die Tischdekoration auf das Essen abgestimmt ist, wirkt sich nicht unerheblich auf den Erfolg eines gelungenen Abends aus.

Im Restaurant wird Ihnen die Arbeit vom Fachpersonal abgenommen, zu Hause ist Ihre Phantasie gefragt.

Wird Ihnen für ein wichtiges Essen, die Verantwortung hinsichtlich der Reservierung übertragen, so gehört es einerseits zu Ihren Aufgaben, sich um einen guten Tisch zu kümmern und das Menü abzusprechen, aber auch Fragen bezüglich der Dekoration sollten geklärt werden (so sollte z.B. bei der Weihnachtsfeier der Firma kein Nelkenbukett auf dem Tisch stehen).

Tischdekoration

„Es muss nicht immer Kaviar sein!" Dasselbe gilt für einen schön gedeckten Tisch zu Hause. Ein Tischtuch, farblich abgestimmt zum Geschirr, dazu ein schönes Besteck und die passenden Servietten. Die Servietten schön zu falten kann man heute mit Hilfe eines kleinen „Tischlein deck dich"-Ratgebers übrigens schnell erlernen.

Blumenarrangement

Wenn Gedeck, Gläser und Servietten richtig liegen, können Sie Ihrer Phantasie bezüglich des Blumenarrangements etc. freien Lauf lassen.

Ob Sie sich hierbei für einen Blumenstrauß vom Floristen entscheiden oder selbst kreativ werden, ist sicher eine Frage der Zeit und des Könnens.

Hier ein paar kleine Tipps wie Sie Ihren Tisch ohne viel Stress individuell schmücken können

Tischdekoration

Eine recht einfache Art der Tisch-Dekoration ist die der vier Jahreszeiten:

Frühling

Die Zeit der Blumen wie Osterglocken, Krokusse, Schneeglöckchen usw. hat begonnen und jeder freut sich wieder auf frische leuchtende Farben. Bedecken Sie eine Glasschale mit ein wenig Erde und Moos, stecken Sie paar Baby-/Zwerg-Osterglocken, einen Haselnusszweig und etwas Grünzeug hinein. Je nach Datum Ihres Festessens, ob in der Karnevalszeit oder an Ostern, können Sie natürlich noch anderes Zubehör wie Osterhasen, bunte Eier, Luftschlangen, etc. in ein solches Blumengesteck einfügen.

Sommer

Hier kann das Thema Ihrer Tischdekoration der Urlaub sein. Sand auf den Tisch? Nicht unbedingt, aber eine sandgefüllte Glasschale, zusammen mit den Muscheln vom letzten Sommerurlaub und passenden Kerzen darin, kann ein sommerliches Abendessen zu einem kleinen Urlaub werden lassen.

Haben Sie ein Geburtstagsessen vorbereitet, versuchen Sie doch aus dem Hobby Ihres „Geburtstagskindes" eine passende Dekoration zu finden (z.B. Mini-Tennisschläger aus Papier ausgeschnitten, kleine Tennisbälle dazwischen und alles auf eine farbige Schnur aufgezogen als Girlande über den Tisch gehängt).

Herbst

Eine tolle Zeit für einfache und sehr schöne Dekorationsmöglichkeiten! Hier eignet sich alles was es im Wald gibt. Frische bunte Blätter, Moos, Kastanien... Sie benötigen nicht einmal Vasen oder Schalen. Das Laub locker auf den Tisch gestreut, entweder um die Teller oder in die Mitte des Tisches um einen nicht zu hohen Kerzenständer - fertig. Diese Dekoration ist schnell gefunden und sieht toll aus. Nicht zu vergessen ist die Zeit der Kürbisse. Legen Sie mehrere verschiedene Kürbisse auf etwas Stroh oder in eine schöne Schale. Ein Tischschmuck der Ihnen sicher längere Zeit Freude bereitet.

Winterzeit

Die „Dekorationszeit" überhaupt! Ob für Fenster, Tür oder Tisch, wir werden fast schon überflutet mit Dekorationsmöglichkeiten.

Eine fasziniert mich bis heute, ihrer Einfachheit und der wunderschönen Farben wegen ganz besonders: Sie brauchen kleine, rote Äpfel (mit Nelken bestickt, ergeben sie einen angenehmen weihnachtlichen Geruch), ein paar Walnüsse (oder gemischte Nüsse) und ein paar kleine Tannenzweige. Dekorieren Sie alles in der Mitte des Tisches und stellen Sie einen oder mehrere Kerzenhalter dazwischen. Weihnachtlicher und einfacher geht es kaum!

Dies sind nur wenige Vorschläge, die hoffentlich Ihre Phantasie ein wenig anregen und Sie dazu animieren, Ihren Tisch in einem neuen Kleid erstrahlen zu lassen.

Musik und Beleuchtung beim Essen

Beim Essen zu Hause, sind auch die Beleuchtung (Kerzen...) und die Musik ein wichtiger Punkt, auf den Sie achten sollten.

Zu grelles und ebenso zu dunkles Licht schafft keine oder nur sehr wenig Atmosphäre.

Zu laute oder zu schrille Musik passt sicher besser in die Disco als zu einem Essen. Ob Klassik oder Pop, die Musik sollte mit dem Essen harmonieren und den Gästen zusagen.

Mit dem Essen harmonieren?

Das ist ganz einfach. Am liebsten essen wir doch alle ein Antipasti in Italien, ein indisches Gericht in Indien und ein französisches Menü in Frankreich. Leider ist dies nicht immer möglich. Mit der zum Menü passend ausgesuchten Musik, zur Antipasti vielleicht Giuseppe Verdi, fürs indische Gericht wäre eine Empfehlung Ravi Shankar und für das französische Menü könnte es Edith Piaf oder für die jüngeren Gäste, z.B. Patricia Kaas sein, haben Sie sicher einen wichtigen Teil für eine angenehme Atmosphäre geschaffen und Ihre Gäste werden sich bei Ihnen wohl fühlen.

Mein Beitrag zum Thema Gedeck, ist selbstverständlich nicht nur für das private Essen mit Freunden gedacht. Ich bin mir sicher, sollten Sie einmal die Gelegenheit haben Ihren Vorgesetzten oder einen anderen wichtigen Gast bei sich zu Hause zu empfangen, wird auch dieser sich über ein Essen in einer angenehmen Atmosphäre freuen. Zeigen Sie, dass Sie Kreativität, Phantasie und Professionalität besitzen - genauso wie Lust, Spaß und Freude.

Ein schön gedeckter Tisch bedeutet unter anderem auch, dass Gedecke, Gläser und Servietten richtig plaziert werden, deshalb hier noch ein paar Tipps

Serviette

Die Serviette kann rechts oder links vom Gedeck plaziert werden, ist aber auch oft als gefaltetes Kunstwerk vor oder auf dem Teller zu finden. Dies ist abhängig von der Größe des Tisches bzw. der einzelnen Plätze.

Gläser

Die Gläser für die einzelnen Gänge werden oberhalb der Messer, meist diagonal angeordnet. Bei den Gläsern liegt die Höchstzahl bei vier, wobei ungebrauchte Gläser mit der Zeit abgedeckt werden können.

Als Richtglas wird das Glas für das Getränk zum Hauptgang bezeichnet, welches oberhalb des Messers für den Hauptgang steht. Rechts des Richtglases stehen die Gläser für die Vorspeise(n), links daneben die Gläser für die nachfolgenden Gerichte (Dessert etc.). Das Wasserglas wird in der Regel ganz vorne rechts, als erstes Glas aufgestellt.

Tafelgeschirr

Servieren Sie die Gerichte in Schüsseln und auf Platten (in der Fachsprache „Service á la française" genannt), können Sie zwei Teller aufeinander stellen, dies erspart Ihnen ein ständig neues Eindecken für jeden Gang. Das heißt, zuerst wird z. B. der Platzteller, dann der Teller für das Hauptmenü und darauf der Suppenteller (oder den Vorspeisenteller) gestellt.

Zweite Möglichkeit: Platzteller (es geht auch ohne Platzteller), dann den Teller für das Hauptmenü und darauf die Suppe in Suppentassen mit Unterteller.

Servieren Sie die einzelnen Gänge fertig zubereitet auf den Tellern (in der Fachsprache „Service à la russe" genannt), benötigen Sie auf alle Fälle eine Küchenhilfe, die Ihnen diese Arbeit abnimmt.
Bitte achten Sie als Gastgeber (in) darauf, dass Sie sich um Ihre Gästen kümmern sollten.

Eine dritte und meiner Meinung nach eine sehr praktische Form des Servierens ist die Mischform. Sie servieren die Vorspeise (z.B. Suppe in Suppentassen auf Unterteller, Salat auf kleine Salatellern) als Tellergericht, ebenso verfahren Sie mit dem Dessert. Für den Hauptgang bereiten Sie Platten und Schüsseln vor.

Und wie serviere ich richtig?

Servierregeln

Eine Frage, die mir, seit ich dieses Buch schreibe, von verschiedenen Seiten immer wieder gestellt wird.
Es gibt für die einzelnen Serviervorgänge Regeln, die bestimmen ob diese von der rechten Seite des Gastes oder von der linken Seite ausgeführt werden.

Von der rechten Seite des Gastes werden:

Alle Tellergerichte und auch die leeren Teller für den nächsten Gang eingedeckt.
Die Gläser sind rechts eingedeckt und werden deshalb auch von rechts eingeschenkt oder neue Gläser hinzugestellt.
Es wird alles was auf der rechten Seite des Gastes steht, auch von der rechten Seite des Gastes wieder abgeräumt (Besteck, Geschirr, Gläser).

Von der linken Seite des Gastes werden:
Speisen zum Vorlegen, welche auf Platten und Schüsseln serviert werden, gereicht. Können sich die Gäste von einer Platte oder Schüssel selber bedienen, werden diese ebenso von links gereicht. (Für Linkshänder etwas schwierig!)
Beim Abräumen gilt, alles was auf der linken Seite des Gastes steht, wird von links abgeräumt (z.B. Brotteller, Gabeln, Salatteller).

P.S.   **Wichtig bei allen Einladungen die Sie geben möchten**
Bevor Sie mehrere Gäste einladen, kontrollieren Sie Ihre Besteck-, und Geschirrausstattung nochmals genau. Es wäre Ihnen sicher unangenehm, wenn Sie kurz vor dem Eintreffen Ihrer Gäste plötzlich bemerken, dass Sie zuwenig Tafelgeschirr oder Besteck der gleichen Sorte haben.

Achten Sie darauf, dass Sie sich nicht zu viel Arbeit aufladen. Lieber ein kleines Menü und eine ausgeruhte, angenehme Gastgeberin, als ein großes Menü und eine gestresste Dame des Hauses. Das gleiche gilt selbstverständlich auch für den „Gastgeber".

Vielleicht haben Sie ja die Möglichkeit, sich für diesen Abend eine Küchenfee einzustellen, die Ihnen die Arbeit etwas erleichtert.

Manchmal empfiehlt es sich (vor allem wenn Sie eine größere Anzahl von Gästen erwarten) Angebote vom nächsten Partyservice einzuholen. Die meisten Anbieter verleihen Geschirr und Besteck, ebenso können Sie z.B. auch nur Vorspeisen oder Dessert anliefern lassen und sich selber auf den Hauptgang konzentrieren. Gerade heute, da die meisten Frauen und Männer berufstätig sind, bietet sich dies als eine praktische und elegante Lösung an.

Vergessen Sie nicht, dass es heute viele Vegetarier gibt. Fragen Sie gegebenenfalls nach oder schauen Sie, dass Sie dementsprechend auch kurzfristig etwas „Fleischloses" anbieten können.

Vegetarier

An alle Vegetarier habe ich eine Bitte: Sind Sie geschäftlich oder privat, das erste Mal zum Essen eingeladen, so geben Sie dem/der Gastgeber/in Bescheid, dass Sie Vegetarier sind. Auch dies ist ein Zeichen der Höflichkeit.

Ich werde nie vergessen, wie ich eine sehr liebe Familie das erste Mal zum Essen einlud und sich dann herausstellte, dass alle fünf Personen Vegetarier waren. Leider hatten Sie vergessen es mir zu sagen und so war sämtliche Mühe vergebens, da außer dem Salat und dem Dessert nichts angerührt wurde. Auch die lieb gemeinten Worte wie: „Der Salat ist vorzüglich", konnten mein Stimmungstief nicht mehr heben. Dabei bin ich mir fast sicher, es ist für die meisten „Nicht-Vegetarier" kein Problem, ein fleischloses Essen zuzubereiten. Für mich jedenfalls war die zweite Einladung unserer Freunde sogar eine echte Herausforderung und als passionierte Köchin erfreuten mich die leeren Schüsseln an diesem Abend ganz besonders.

Sorgen Sie dafür, dass genügend Platz in der Garderobe ist, um Jacken und Mäntel der Gäste ordentlich versorgen zu können.

Garderobe

Denken Sie daran, im Waschraum frische Handtücher für Ihre Gäste bereit zu legen und das Toilettenpapier aufzufüllen!

**Toilette/
Waschraum**

Tischdekoration

Erwarten Sie Ihre Gäste zum Abendessen, bereiten Sie Ihre Tischdekoration und das Eindecken des Tisches, ruhig schon am Vormittag vor.

Kontrollieren Sie rechtzeitig die Getränke: Mineralwasser, Bier, Wein und Fruchtsäfte. Eventuell einen Aperitif (Sherry, Martini, Sekt oder Weißwein mit Cassis...), Kaffee und Digestif (Obstwasser, Cognac...).

Versuchen Sie alles so zu organisieren, dass Sie noch genügend Zeit haben, sich vor dem Eintreffen der Gäste in aller Ruhe frisch zu machen und vielleicht noch eine Tasse Tee zu trinken. Denn ob im Restaurant oder privat, es gibt nichts Ungemütlicheres als einen gestressten Menschen während eines schönen Essens.

Beispiel eines gedeckten Tisches:

Herzlichen Dank der Familie Thoma vom Landgasthof Krone in Heitersheim.

Wie wird das
gegessen?

SICHER EINE FRAGE, die sich jeder einmal im Laufe seines Lebens stellt. In diesem Kapitel geht es nicht um das Essen mit Stäbchen oder orientalische Sitten, sondern um Gerichte, die Sie in Deutschland jederzeit selbst zubereiten und in einem gehobenen Restaurant jederzeit serviert bekommen können.

Einige Antworten auf viele Fragen können Sie in diesem Kapitel finden und ich hoffe, Sie haben Freude daran die Theorie in die Praxis umzusetzen - wenn nicht beim Essen, wo sonst?

Sage mir, was Du isst, und ich sage Dir, was Du bist.

(Brillat-Savarin)

Die Suppe

Die Suppe wird meist in Tellern serviert und mit dem dafür gedeckten Suppenlöffel (rechts neben dem Messer eingedeckt) zum Munde geführt.

Ist der Teller fast leer und Sie sind noch nicht ganz satt, so lassen Sie sich die Suppe noch einmal bringen und kratzen Sie auf keinen Fall mit dem Löffel den letzten Tropfen aus dem Teller. Ist dies aus irgendwelchen Gründen nicht möglich und Sie möchten auf den letzten Löffel Suppe absolut nicht verzichten, so kippen Sie den Teller leicht nach hinten rechts. Nach „hinten" deswegen, da hier die Gefahr, dass die Suppe Ihnen auf die Hose kippt, geringer ist. Nach „rechts", weil Sie so als Rechtshänder die Suppe besser löffeln können.

Suppe

Suppentasse

Wird Ihnen eine klare Suppe in Suppentassen serviert, können Sie diese aus der Tasse trinken, indem Sie die Tasse an einem der dafür vorgesehenen Henkel halten.

Wird eine Suppe mit Einlage in der Suppentasse serviert, essen Sie diese mit dem etwas kleineren Suppenlöffel, welcher extra zur Suppe gereicht wird.

Der Salat

Salat

Normalerweise wird der Salat Ihnen so an den Tisch gebracht, dass Sie Ihn ohne große Probleme nur mit der Gabel essen können.

Bei manchen Sorten des Blattsalates (Friséesalat, Radiccio...) kann es sein, dass Ihnen das eine oder andere Blatt doch zu groß ist, um es ohne Soßenkleckerei in den Mund zu schieben. In diesem Fall dürfen Sie den Salat ohne Bedenken in mundgerechte Stücke schneiden.

Das Gemüse

Gemüse

Beim Gemüse ist nur eines zu beachten: Es wird, falls es einmal zu groß ist, mit der Gabel zerteilt. Ausnahme ist Gemüse, welches sich nicht oder nur schlecht mit der Gabel zerteilen lässt, z.B. Spargel, Broccoli, Blumenkohl..., bei diesen kann selbstverständlich das Messer zur Hilfe genommen werden.

Die Kartoffeln

Kartoffel n

Sind die Kartoffeln weich genug um sie mit der Gabel zu zerteilen, ist dies vor allem dann sehr günstig, wenn eine Soße das Essen begleitet. Die Soße haftet hier besser, als bei Kartoffeln, die mit dem Messer geschnitten wurden.

Die Artischocke

Die Artischocke ist den meisten Menschen als wohlschmeckender zusätzlicher Belag auf der Pizza bekannt.

Artischocken

Wer eine Artischocken als Vorspeise bestellt, bekommt eine ganze Artischocke auf einem Teller serviert (nur der obere Teil der Blätter wird etwas abgeschnitten). Dazu wird meistens eine Vinaigrette oder ein Dip aus Mayonnaise gereicht.

Eine Fingerschale wird ebenfalls bereitgestellt.

Die Artischocke wird nun von außen nach innen abgezupft.

Nehmen Sie ein Blatt der Artischocke und tunken Sie den fleischigen Teil, in die hierzu bereitgestellte Soße. Jetzt können Sie diesen Teil, mit Ihrer rechten Hand in den Mund nehmen und mit den Zähnen abziehen (Nicht schlürfen!). Das abgezogene Blatt wird auf dem Tellerrand oder auf dem hierfür extra eingedeckten Abfallteller entsorgt.

Die äußeren Blätter sind angenehm fleischig, während die letzten Blätter in der Mitte meist nur gepflückt und zur Seite gelegt werden.

Sind alle Blätter gepflückt, haben Sie das Herz der Artischocke vor sich, welches Sie zuerst vom sogenannten Heu befreien (am besten eignet sich hierfür der Messerrücken).

Das Herz ist für jeden Feinschmecker das Beste der Artischocke überhaupt und wird nach der Reinigung der Finger mit Messer und Gabel geschnitten, eingetunkt und gegessen.

Übrigens: Artischocken sind nicht nur wohlschmeckend, sondern auch sehr gesund für die Leber.

Der Spargel

Spargel

Der Spargel wird fast immer mit Messer und Gabel gegessen.

Nur bei einem ausgesprochenen Spargelessen, z.B. in Holland oder zum Teil noch in Baden, wenn die Spargelsaison begonnen hat und der Spargel in den beliebten „Besenwirtschaften" angeboten wird, wird dieser auch manchmal als „Halb-Finger-gericht" verspeist.

Im Normalfall wird der Spargel aber mit Messer und Gabel gegessen, was schon aufgrund der leckeren (Béchamel-) Hollandaise-Sauce viel angenehmer ist. Ob Sie dann den Spargel der Länge nach halbieren und ihn dann mit der Gabel zu einer Schnecke rollen oder ihn einfach in mundgerechte Stücke quer schneiden, können Sie selbst entscheiden.

Die Spaghetti

Spaghetti

In Deutschland werden die Spaghetti immer mit einer Gabel und einem Löffel serviert und beides zum Aufwickeln der Nudeln benutzt. Sie nehmen den Löffel in die linke Hand, spießen drei bis vier Spaghetti mit der Gabel auf und drehen diese auf dem Löffel zu einem mundgerechten Nudelknäuel. In Italien (im Land der Pasta) hingegen, wird der Löffel, wenn überhaupt, höchstens zum Löffeln der Sauce benötigt, die Spaghetti werden am Tellerrand nur mit der Gabel aufgewickelt.

Der Käse (die Wurstplatte)

Käse

Sind Sie in einem rustikalerem Gasthaus und bestellen sich einen Käseteller, ist die Vorgehensweise die gleiche wie bei einer Wurstplatte. Sie bestreichen Ihr Brot mit Butter, belegen dieses mit dem Käse (oder der Wurst) und essen das Brot mit Messer und Gabel.

In einem gehobenen Restaurant mit größerer Kä-
seauswahl, wird das Brot in mundgerechte Stücke
gebrochen und mit der Hand zum Mund geführt,
während der Käse mit der Gabel gegessen wird.
Fester, harter Käse wird mit dem Messer geschnitten, weicher Käse mit der Gabel zerteilt. Sehr weicher Käse gelöffelt oder auf ein Brotstückchen gegeben und dann verspeist.

Der Fisch

Ein Fischfilet essen Sie mit der Fischgabel
(Dreizack) und dem Fischmesser. Das Fischmesser
wird nie zum Schneiden des Filets benutzt, sondern
zum Zerteilen und Schieben des Filets auf die Gabel. Ist das Filet an einer delikaten Sauce, wird Ihnen vermutlich an Stelle des Fischmessers ein
Gourmetlöffel eingedeckt, mit welchem Sie zerteilen, schieben und die Soße löffeln dürfen. Haben
Sie einen Matjes, einen Rollmops oder geräucher-
ten Fisch (Lachs, Aal..) bestellt, wird Ihnen ein nor-
males (Fleisch-) Besteck zum Schneiden des Fi-
sches eingedeckt, da diese Fische von der
Konsistenz her fester sind.

Das Filetieren eines Fisches

Wenn Sie einen Fisch bestellt, zuvor aber noch nie einen von den Gräten befreit haben, sollten Sie das Servicepersonal bitten Ihnen hierbei behilflich zu sein.

Möchten Sie den Fisch (z.B. Forelle) selber filetieren, entfernen Sie zuerst mit Hilfe des Fischmessers die Rücken-, und Schwanzflossen und legen
diese an den Tellerrand oder auf einen hierfür se-
parat eingedeckten Teller.
Der Fisch wird nun der ganzen Länge nach mit dem
Fischmesser entlang des Rückgrats und ebenso un-
terhalb der Kiemen, vorsichtig eingeschnitten.

Die oberen zwei Filetteile können Sie nun an den Rand des Tellers schieben. Anschließend wird der Fisch von seiner Haut befreit, welche ebenfalls entsorgt wird, es sei denn, Sie möchten die Haut (zum Beispiel bei der gebratenen und gut gewürzten Forelle) mitessen.
Nun wird der Kopf mit der Gabel angehoben, die Gräte mit dem Fischmesser abgelöst und diese samt Schwanz entsorgt.
Jetzt können Sie Ihren filetierten Fisch genießen.

Vorsicht: Haben Sie trotz sorgfältigem Filetieren eine Gräte im Mund, wird diese unauffällig mit Hilfe der Gabel vom Mund auf den Tellerrand gelegt.

Bleibt Ihnen eine Gräte im Hals stecken, nehmen Sie ein Stück Brot und schlucken Sie dieses unzerkaut, mit Hilfe eines Schlucks Wassers hinunter (dies hilft meist).

Auf keinen Fall am Tisch mit den Fingern im Mund hantieren.

Die Garnelen

Garnelen

(Scampi, Königskrabben, allg. Krustentiere)
Es gibt viele verschiedene Bezeichnungen, doch alle, ob groß oder klein, haben eines gemeinsam: Eine Schale.

Bekommen Sie diese Krustentiere als Cocktail im Glas serviert, benützen Sie zum Essen das hierfür mitgelieferte Besteck. Dies besteht aus einer kleinen, langen Gabel und einem dazugehörigem Löffel für die Soße (Dip).

Sind die Krustentiere schon aus der Schale gelöst, nehmen Sie die Gabel und dippen in die dafür vorgesehene Soße.

Werden Ihnen die Garnelen in der Schale serviert, gibt es zwei Möglichkeiten, diese zu entfernen:

1. Sie schneiden den Kopf mit dem Messer ab, halten die Garnele mit der Gabel am Schwanz fest, und lösen mit dem Messer das Fleisch aus der Schale. Vergessen Sie nicht den Darm zu entfernen, dieser wird als schwarzer langer Faden sichtbar und vorsichtig abgestreift.
Jetzt wird das Schwanzende abgeschnitten, die Garnele in die Sauce gedippt und verzehrt.

2. Sie können die gleiche Prozedur, auch mit den Fingern vornehmen. Hierbei werden der Kopf und der Schwanz abgedreht und die Garnele an der Unterseite aufgebrochen, um so das Fleisch herauszuholen. Jetzt wird der Darm entfernt. Sie können mit den Fingern essen oder zuerst alle Garnelen von der Schale befreien, die Hände in der dafür vorgesehenen Fingerschale waschen, um anschließend mit Ihrem Besteck weiter zu essen.

Der Hummer/ die Languste

Es gibt viele verschiedene Arten der Zubereitung des Hummers.

Hummer/
Langusten

Die einfachste Art ihn zu Essen ist, wenn Sie Ihn als Ragout serviert bekommen. Hierzu benötigen Sie Ihr Fischbesteck und lassen es sich einfach schmecken.

Bekommen Sie einen ausgelösten Hummer, ob gekocht oder gegrillt serviert, ist es besser das Fleischbesteck zu benutzen, da Hummerfleisch etwas fester ist.

Bekommen Sie einen Hummer serviert, der sich noch in der Schale befindet, nehmen Sie die lange dünne Hummergabel, mit welcher Sie das Hummerfleisch aus dem Panzer ziehen. Hierbei benötigen Sie auch Ihre Hände, um den Hummer, dessen Scheren und Beinchen festhalten zu können. Manchmal ist es möglich, dass die Beinchen zu eng für die Hummergabel sind, in diesem Fall dürfen die Beine auch ausgesaugt werden.
Der Hummerschwanz (das größte Stück am Hummer) wird nicht mit den Händen, sondern mit dem normalen Besteck gegessen, wobei Sie nicht vergessen sollten sich vorher die Hände in der bereitgestellten Fingerschale zu waschen (dies tun Sie selbstverständlich auch immer, bevor Sie etwas trinken möchten).

Am meisten Spaß macht das Hummeressen wenn Sie beim ersten Mal eine Person dabei haben, die das Hummeressen schon etwas beherrscht, denn Unsicherheit und Arbeit kann den eigentlichen Genuss in den Hintergrund stellen und das wäre wirklich sehr schade.

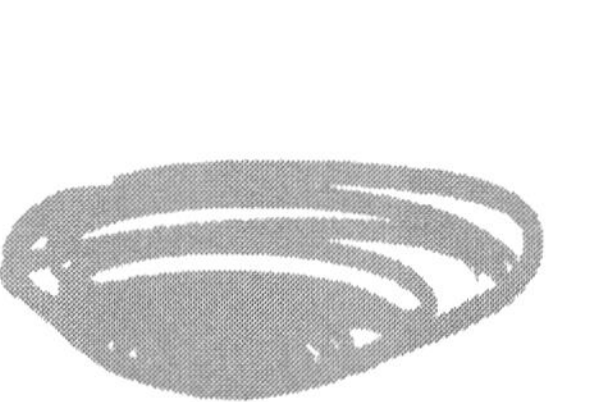

Die Muscheln

Die Miesmuscheln werden, je nach Saison, in vielen Pizzerien angeboten.

Muscheln

Für die Miesmuscheln brauchen Sie kein Besteck, hier ist die Muschel das Eßinstrument selbst. Sie nehmen ein Miesmuschelpaar und benützen dieses als Zange, um aus der nächsten Muschel das Fleisch herauszuziehen. Die Muschelschalen werden auf einem Abfallteller entsorgt.

Auch beim Muschelessen bekommen Sie eine Fingerschale in welcher Sie, bevor Sie mit dem Löffel die Soße essen, Ihre Finger waschen.

Die Auster

Die Auster ist eine besondere Spezialität und wird entweder heiß geliebt oder nie (wieder) versucht.

Austern

Sie ist die einzige Muschel, die ungekocht, also im Rohzustand gegessen wird. Es ist sehr wichtig, dass die Auster noch lebt, wenn Sie verspeist werden soll. Es gibt zwei Möglichkeiten dies unauffällig zu testen.

1. Sie gehen mit Ihrer Austerngabel an den Rand des Austernfleisches und schieben dieses leicht zur Mitte. Die lebende Auster geht wieder zurück in Ihre ursprüngliche Ausgangslage – sie lebt.

2. Sie beträufeln die Auster mit etwas Zitronensaft, die Auster zuckt zusammen, ist „geschockt" – sie lebt.

Diesen Test sollten Sie grundsätzlich vor dem „Austern schlürfen" vollziehen, da bei toten Austern die Gefahr einer Eiweißvergiftung besteht.

Normalerweise bekommen Sie im Restaurant die Austern schon geöffnet, auf Eis serviert. Ist dies nicht der Fall oder Sie wollen zu Hause Austern essen, benötigen Sie als wichtigstes Besteck ein Austern-

Messer. Dieses Messer hat eine breite, aber sehr kurze und scharfe Klinge.

Nehmen Sie die Auster in ein Tuch gewickelt, oder ziehen Sie einen Austern-Metallhandschuh an damit Sie sich nicht verletzen - in die linke Hand. Das Scharnier zeigt zu Ihren Fingerspitzen. Drücken Sie nun das Austernmesser zwischen die Schalen und drehen die Auster, bis der Schließmuskel durchtrennt ist. Bei französischen Austern ist die Position des Schließmuskels, meist außen mit einem kleinen Wachstropfen gekennzeichnet.

Die Auster liegt geöffnet vor Ihnen, Sie nehmen die Austerngabel, welche eine Art Zwitter aus Gabel und Messer ist, und lösen mit dem Messerteil die Auster von der Schale, indem Sie zwischen der Schale und der Auster das Messer durchziehen.

Jetzt dürfen Sie (dies ist in Deutschland die einzige Ausnahme) die Auster von der Schale in Ihren Mund „schlürfen". Ob Sie vor dem Schlürfen die Auster mit Zitrone beträufeln oder einen anderen Dip dazu benützen, bleibt Ihnen überlassen. Die richtigen Feinschmecker genießen Natur pur.

Die Auster sollte nicht nur geschluckt, sondern zur Unterstützung einer besseren Verdauung gut gekaut werden, da sie ein lebender Organismus ist. Ebenso wichtig für die Verdauung ist das anschließende Trinken des Salzwassers, welches sich noch in der Schale befindet.

Zur Auster wird, wenn überhaupt, etwas Pumpernickel (eventuell mit gesalzener Butter) gereicht.

Die Schnecken

Früher wurden, im Gegensatz zu heute, die Schnecken fast ausschließlich in ihren Schneckenhäuser serviert und galten als besondere Spezialität. Um die Schnecken in ihrem eigenen Häuschen zu servieren, muss die Schnecke zuerst aus dem Häuschen gelöst, das Häuschen mit einer Bürste gut gesäubert, und anschließend die zubereitete Schnecke wieder in das Häuschen zurückgegeben werden. Die Schneckenhäuschen werden mit der Schneckengabel eingeklemmt und können so sicher festgehalten werden. In die rechte Hand nehmen Sie die Schneckengabel, sie ist klein und hat zwei Zinken, mit der Sie das Fleisch aus dem Schneckenhaus aufspießen und gleich essen können. Die flüssige Butter (meist mit leckeren Kräutern versehen) können Sie auf ein Stück Brot geben und essen.

Heute werden auch feine Schneckengerichte in der einfacheren Gastronomie angeboten (traditionelle Schneckenessen am Aschermittwoch).

Die Schnecken werden dann, auf einem extra hierfür hergestellten Schneckenteller, mit zwölf kleinen Vertiefungen, serviert. Ob Sie hierfür eine Schneckengabel oder eine normale Gabel bekommen, spielt keine Rolle. Sie nehmen mit der Gabel das Schneckenfleisch und genießen es. Bei dem Schneckenteller ist es selbstverständlich nicht möglich, die heiße Butter auf das Brot zu träufeln, in diesem Fall (der Einzige übrigens) dürfen Sie ein Brotstückchen in die Butter tunken.

Das Fleisch

Fleisch

Es wichtig zu wissen, dass im Gegensatz zu familiären Grillparties, im Restaurant oder bei Einladungen, grundsätzlich alle Fleischsorten mit Messer und Gabel gegessen werden. Hierzu gehören auch, das Lammkotelett und Geflügel (Hähnchen, Ente, Pute...)!

Ausnahme: Sparerips und sehr kleine Geflügel wie zum Beispiel Perlhuhn oder Wachtel (bei diesen wäre es wirklich sehr schwierig, das wenige Fleisch mit dem Besteck vom Knochen zu lösen).

Der Fleischspieß

Fleischspieß

Ob beim gegrillten Spieß oder beim Schaschlik, halten Sie den Spieß schräg in den Teller, mit dem Daumen und Zeigefinger der linken Hand, am äußeren Ende (am Griff, falls vorhanden) fest und schieben mit der Gabel (in der rechten Hand) zuerst die unteren Stücke, danach die oberen Stücke nach und nach vorsichtig vom Spieß in den Teller.

Achtung: Solange das Fleisch noch heiß ist, lässt es sich am Besten abschieben.

Das Dessert

Dessert

Dessert (frz): Nachtisch aus Süßspeisen, Gefrorenem oder Gebäck bestehend; als Dessert werden auch Obst und Käse gereicht. (aus Meyers Enzyklopädisches Lexikon)

Hierüber könnte ich lange schreiben, denn vor allem seit ich mit meiner Familie in Frankreich lebe, habe ich mich in die große Vielfalt der kulinarischen Genüsse, die sich hinter dem Wort Dessert verbirgt, so richtig verliebt.

Im Gegensatz zu Deutschland (der deutschen Kochtradition), wird in der französischen Küche sowohl Käse, als auch das „süße Dessert" serviert. Selbst bei einem „privaten Barbecue" in Frankreich, dem Grillabend mit der Familie, fehlt weder der Käse, noch das Dessert. Nicht selten wird in Frankreich das Dessert von den Gästen mitgebracht, um die Gastgeber zu entlasten.

Aber nicht nur in Frankreich, selbstverständlich auch in Deutschland gibt es eine große Auswahl an feinen Desserts.

Mit großer Freude schaue ich im Restaurant, ebenso wie bei privaten Einladungen der Schöpfung „Mann" zu. Es ist faszinierend mit wieviel Freude und mit wie wenig Kaloriendenken die Männer sich dem Genuss eines feinen Dessert hingeben können. Ich würde sagen, da haben die Herren uns Damen schon etwas voraus.

Das Besteck für den Nachtisch zu Hause ist meist der kleine Löffel, oberhalb des Tellers mit dem Griff nach rechts eingedeckt. Dieser wird hauptsächlich benützt für einfache Dessert, wie Pudding, Quarkspeise oder das leckere Kompott.

Im Restaurant, wo meistens zu „Mousse au Chocolat", Eis, Tiramisu oder anderen feinen Cremes noch Früchte bzw. Beeren serviert werden, ist oberhalb des Tellers mit dem Griff nach rechts der Löffel, mit dem Griff nach links die Gabel eingedeckt.

In manchen Restaurants wird, anstelle des Dessertlöffels, der Gourmetlöffel serviert, vor allem dann, wenn eine feine Sauce das Dessert umgibt.

Wird als Dessert ein Kuchen (frz. eine „Tarte") serviert, liegt oberhalb des Tellers mit dem Griff nach rechts die Gabel, es sei denn sie wird direkt mit dem Kuchen auf dem Teller serviert.

Die Getränke

WIR HABEN DAS GLÜCK, dass das Wasser in Deutschland fast überall aus dem Wasserhahn getrunken werden kann, und wir außerdem eine große Auswahl an verschiedenen Getränken haben.

Ob nun frischgepresste Säfte oder Limonaden, ob mit Alkohol oder ohne, ob kalt oder heiß, es gibt für alle Anlässe von Sport bis zum Galaabend das passende Getränk.

Alkohol

Was aber heißt: „passend"?

Meiner Meinung nach ist dies ein dehnbarer Ausdruck und für jeden von uns individuell zu gebrauchen.

In meinem Buch über Umgangsformen, Persönlichkeit und Stil, ist es mir sehr wichtig, Ihnen eines wirklich sehr ans Herz zu legen: Die Entscheidung ein alkoholisches oder ein nicht alkoholisches Getränk zu bevorzugen, ist eine sehr individuelle Entscheidung und sollte immer und von jedem von uns akzeptiert werden – ohne irgendwelche Kommentare.

Möchte jemand keinen Wein, Schnaps oder ein anderes alkoholisches Getränk, liegt nicht immer gleich die Ursache im Alkoholismus zu suchen. Es gibt genügend Menschen, die einfach

> *Würden wir das Wasser wie den Wein trinken, bräuchten wir den Wein nicht mehr!*
>
> (Ernst Jünger)

keinen Alkohol mögen oder aufgrund von Medika-
menten keinen Alkohol trinken dürfen.
Und ist der Grund des Alkoholverzichtes tatsächlich
ein Alkoholproblem, wäre dies lobenswert und wir
hätten Grund genug, stolz zu sein auf unser Gegenüber, der die Kraft besitzt, mit seiner Krankheit
positiv zu leben.
Gehen Sie mit Alkohol immer vorsichtig um, ob Sie
sich nun privat zu Hause oder bei einem geschäftlichen Essen befinden. Es ist für niemanden angenehm neben sich einen „zu angeheiterten Menschen" oder gar einen Volltrunkenen zu haben.

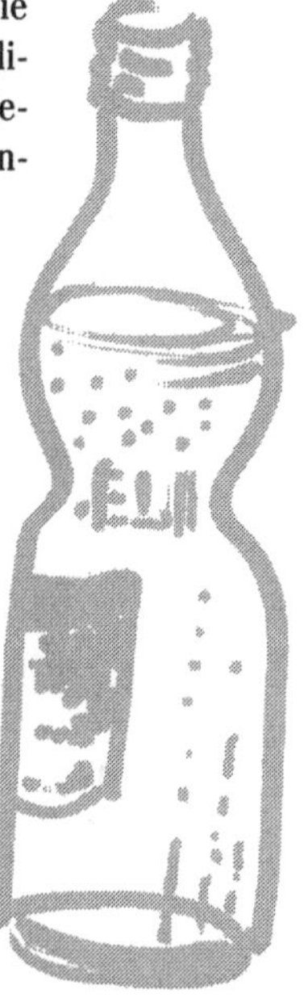

Der Wein

„WEINTRINKER WUSSTEN ES SCHON IMMER, Ärzte haben es geahnt, und die Wissenschaft hat es jetzt bestätigt. Wein trinken in Maßen ist gesund." (aus: Die Deutschen Spitzenweine / DLG 1998)

In Maßen getrunken, was heißt das
Die Empfehlung der Österreichischen Weinakademie Expositur Krems ist: Für die Männer: täglich 0,5 Liter Wein, wobei zwei Tage der Woche alkoholfrei sein sollten. Für die Damen: 0,35 Liter Wein am Tag, mit ebenso zwei alkoholfreien Tagen pro Woche. Regelmäßig mehr zu trinken gilt als „gesundheitlich bedenklich", weniger oder nichts zu trinken hingegen ist auf keinen Fall negativ anzusehen.

> *„Um den Wein zu kennen muß man ihn lieben, um den Wein zu lieben muß man ihn kennen."*
>
> **(Französisches Sprichwort)**

Der Wein besteht aus 85% Wasser, sowie aus Mineralstoffen und Spurenelementen wie, Kalium, Kalzium, Jod, Eisen, Kupfer... Ebenso sind im Wein verschiedene Enzyme, über zwanzig organische Säuren und nicht zu vergessen verschiedene Vitamine (B,C,D,H,P) enthalten. Positive Wirkungen und Eigenschaften des Weines (bei Rotwein und

Weißwein) sind nachgewiesen in den Bereichen:
Herz und Kreislauf, Magen / Darm, Psyche, Verdauung, Stoffwechsel, Abwehrkräfte, senkt das Krebs-
risiko, hemmt Bakterien.

Eine Zusammenstellung der wichtigsten wissenschaftlichen Erkenntnisse zum Thema Wein und
Gesundheit finden Sie im Buch „To Your Health"
(„Auf Ihr Wohl") der amerikanischen Ärzte Whitten
und Lipp.

Welcher Wein zu welcher Speise?

JEDER STELLT SICH IRGENDWANN EINMAL DIE FRAGE, welcher Wein zu welchen Speisen getrunken wird. Diese ist nicht so einfach in drei Sätzen zu beantworten, es gibt auch hier, wie beim Essen, Empfehlungen bzw. Anhaltspunkte nach welchen die Weine bei einem mehrgängigen Menü ausgesucht werden.

Weinfolge
Jung vor Alt (junger Wein vor gereiften Wein)
Weißwein vor Rosé (Weißherbst)
Rotwein; trocken vor halbtrocken und lieblich;
leicht vor gehaltvoll,
aufsteigender Alkoholgehalt
dezente Weine vor den aromatischen Weinen
(neutrale vor Bukettweinen)
kühl vor warm

Bei der Speisefolge (zum besseren Vergleich):
Zart vor würzig
leicht vor kräftig
leicht salzig vor mild/ süßlich

Wichtig zu Wissen für alle Weintrinker und diejenigen von Ihnen, die es noch werden wollen:

ERLAUBT IST, WAS IHNEN GEFÄLLT UND
IHNEN SCHMECKT !!!

Das heißt , dass Geschmacksvorschriften wie: „Nur Weißwein zum Fisch" oder „Rotwein zum Wild" längst passé sind.

Der Wein wird zur Speise gewählt, um diese zu unterstreichen: Dies können Sie dann am Besten erreichen, wenn der ausgesuchte Wein, der Speise im Geschmack ähnelt bzw. mit dieser harmoniert.

Günstig ist, wenn der Wein aus der gleichen Gegend kommt wie die Speise, z.B. Spargel aus dem Markgräflerland und dazu einen Gutedel.

Kurze Wein-Geschichte

Jeder von Ihnen, der sich schon längere Zeit mit den Weinen und dem Wein trinken beschäftigt, wird mir zustimmen: Wein ist Geschichte und Kultur, er macht alle Entwicklungen der Menschheit auf eine besondere Weise mit. Wein ist Tradition. Wein ist mehr als nur ein Getränk, mehr als man in Worte fassen kann.

Wein-Geschichte

Der Wein begleitet den Menschen schon seit sehr langer Zeit:

„Der Wein ist weit älter als die urkundlich belegte Geschichte. Wie die Kultur überhaupt, ist er aus dem Osten gekommen. Mit den auf Tafeln, Papyrusrollen und in Grabstätten zu findenden Beweisen hierfür, lassen sich Bände füllen. Der Mensch, wie wir ihn kennen, tritt als arbeitendes, streitendes, liebendes und geplagtes Wesen mit einem Krug Wein in der Hand auf die Bildfläche.

Der Wein der Pharaonen ist uns zu fern, um uns etwas zu bedeuten. Unser Weinzeitalter beginnt erst mit den Griechen und Phöniziern, die etwa ab 1500 v. Chr. den Mittelmeerraum besiedelten. Damals kam der Wein in jene Länder, die seine wahre Heimat werden sollten: Italien, Frankreich und Spanien." (aus: Der neue Weinatlas / von Hugh Johnson / Hallwag Verlag)

„Die ältesten Beweise für Weinbau in unserem Weinland stammen aus dem siebenten Jh. v. Chr. Römischen Quellen zufolge betreiben die Kelten (vermutlich auch ihre illyrischen Vorgänger) bereits um 400 v. Chr. eine primitive Form des Weinbaus im Burgenland und in der Steiermark."
(aus Weinland Österreich / Basisseminar Weinakademie Österreich / Rust)

Über den römischen Weingott „Bacchus", nach dem die Rebensorte „Bacchus" heute benannt wird, dichtete einst auch Schiller:
„Trink ihn aus, den Trank der Labe, und vergiß den großen Schmerz! Wundervoll ist Bacchus` Gabe, Balsam fürs zerrißne Herz!"
(aus Schillers Gedicht „Das Siegesfest")

Möchten Sie mehr über Wein erfahren und über die Arbeiten im Rebberg, gönnen Sie sich für den Anfang einmal ein Wochenende bei einem Winzer, wo Sie vieles direkt und praxisnah erfahren können.
Lesen Sie ein Buch über Wein, das Ihnen den Wein etwas näher bringt.

Trinkt, o Augen,
was die Wimper hält,
von dem goldnen
Überfluß der Welt!

(Gottfried Keller)

Wein trinken im Restaurant

Sind Sie in einem Restaurant und haben sich für ein Menü entschieden, kennen sich bei den Weinen jedoch noch nicht so gut aus, fragen Sie den Ober, welchen Wein er zu Ihrem Menü empfehlen kann. Er wird Ihnen vor dem Einschenken die ausgewählte Weinflasche zeigen.

Schauen Sie sich die Angaben des Etikettes an und hören Sie, was Ihnen der Ober zum Wein zu erzählen hat.

Beispiel

„Dieser Bacchus kommt aus dem Maindreieck bei Wertheim..." (geographisches Wissen vorausgesetzt). Nicken Sie dann kurz mit dem Kopf, wenn Sie mit dieser Flasche einverstanden sind und der Ober einschenken kann.

Wer probiert den Wein?

Es ist in jedem Fall der Gastgeber, der den Wein aussucht, bestellt und diesen auch „vorkostet". Jetzt wird Ihnen ein kleiner Schluck Wein zum Probieren eingeschenkt.

Farbe und Klarheit

Schauen Sie sich die Farbe und Klarheit des Weines an, indem Sie das Glas vor einem weißen Hintergrund (z.B. Tischdecke) halten.

Viskosität

Schwenken Sie den Wein ein-, zweimal im Glas und schauen Sie sich die Viskosität (wie der Wein am Glas hinab fließt) des Weines an.

Nun folgt ein zweiter, wichtiger Moment der Weinbeurteilung:

Der Geruch

Ihre Nase darf nun die Aromastoffe genießen und sich schon ein erstes Bild über den Geschmack des Weines machen.

Der Geschmack

Jetzt nehmen Sie das Glas zum Mund und kosten den ersten Schluck Wein, den Sie gut im Mund inneren verteilen und gegebenfalls noch etwas Luft hinzufügen.

Der Abgang

Zum Schluss testen Sie den Abgang des Weines und können, was ich Ihnen herzlich wünsche, dem Ober strahlend sagen: „Danke, ja - wunderbar..".
Erst jetzt wird den Gästen eingeschenkt und es ist des Gastgebers Aufgabe, das Glas zu erheben und (mit oder ohne kleine Ansprache) das Essen und Trinken zu eröffnen.

Anstoßen ist bei einer kleineren Runde kein Problem, auch mit denjenigen, welche Wasser etc. trinken. Ob Sie mit Ihrem Weinglas mit einem Biertrinker anstoßen wollen oder nur zuprosten ist sicher auch eine Frage der Gläserauswahl.
Nach dem Anstoßen schauen sich alle noch einmal kurz an und achten auf den Gastgeber, der das Glas als erster zum Munde führen sollte.
„Zum Wohl!", im Elsass sagt man „Gesundheit!", in Frankreich „Santé".

Mehr Informationen, über die große Vielfalt und Sortenauswahl der Deutschen Weine, können Sie jederzeit durch das deutsche Weininstitut erfahren.

Zum Thema: „Harmonie von Wein und Speisen",
können Sie einen Gourmet-Kompass anfordern,
welcher Ihnen bei der Suche nach dem passenden
Wein sicher viel Freude machen wird. Auch für
sonstige Fragen zum Thema Wein (Spitzenweine,
etc.) steht Ihnen das Deutsche Weininstitut gerne
zur Verfügung.

Deutscher Weinfonds A.d.ö.R.
Deutsches Weininstitut GmbH
Gutenbergplatz 3-5
55116 Mainz
www.deutscheweine.de

(Informationsmaterial wird Ihnen gegen einen
Unkostenbeitrag nach Wunsch zugesandt)

Das passende Weinglas

Bordeaux grand

UM EINEN GUTEN WEIN richtig geniessen zu können, benötigen Sie das passende Weinglas. Heute werden eine Vielzahl von verschiedenen Weingläsern angeboten. Ich kann aus meiner Erfahrung sagen, dass sich die Weinglas-Hersteller viele Gedanken über die Funktionalität und einem dem Charakter des Weines entsprechenden Designs bemühen.

Viele der Weinglas-Hersteller arbeiten eng mit dem Deutschen Weininstitut, bzw. der Weinakademie in Österreich zusammen, um Ihnen ein passendes Glas für „Ihren Wein" anbieten zu können.

Woran erkenne ich ein gutes Weinglas?

Ich gebe Ihnen einige Tipps, worauf Sie beim Kauf von neuen Weingläser achten sollten, um den Wein bestens genießen zu können:

Ein gutes Weinglas zeichnet sich dadurch aus, dass es farblos, durchsichtig, ohne Ornamente (ohne Farbdruck) ist. Nur mit einem solchen Glas sind die Voraussetzungen gegeben für eine optimale Beurteilung von Klarheit und Farbe des Weines.

Zu dickwandige Gläser beeinträchtigen den Weingenuss aufgrund der Eigenwärme, welche das Weinbukett negativ beeinflusst. Das heißt ein gutes Weinglas ist grundsätzlich dünnwandig.

Der Glasstiel sollte zumindest so lang sein, dass die Hand nicht mit dem Kelch in Berührung kommt

Borgogne grand

und dadurch die geeignete Trinktemperatur nicht beeinflusst wird. Der Stiel eines Weinglases ist ebenfalls notwendig, um den Wein (das Glas) schwenken zu können, somit können Sie die Viskosität des Weines bestimmen.

Sehr wichtig ist das Fassungsvermögen eines Weinglases, dieses sollte ausreichend groß sein, damit sich der Wein voll entfalten kann.
Weißweingläser werden zur Hälfte gefüllt, während Rotweingläser, welche in der Regel größer sind, nur zu einem Drittel gefüllt werden.

Das Weißweinglas

Sie sollten einen relativ kleinen Kelch aufweisen, damit sich der Wein nicht zu schnell erwärmt und die Duftnote erhalten bleibt.

Das Rotweinglas

Bei Rotweinen besteht ein Hauptunterschied in der Gläserauswahl bezüglich des Alters des Rotweines. Möchten Sie einen jungen Rotwein trinken, ist, je nach Gerbstoffgehalt, ein größeres Glas zu empfehlen, da dieses dem Wein mehr Luft gönnt und ihn so geschmeidiger erscheinen lässt.
Ein älterer Rotwein verträgt eine zu hohe Oxydation meist nicht, er gewinnt, wenn Sie ihn in einem etwas kleineren Glas servieren.

In der Regel empfehlen sich Gläser bei denen sich der Kelch nach oben hin schließt, damit die Aromastoffe sich im Glas konzentrieren können.
(Ausnahme: das Roséweinglas)

Zum Reinigen des Weinglases nehmen Sie am besten ein parfümfreies Spülmittel und spülen gründlich mit kaltem Wasser nach. Auch der Aufbewahrungsort der Weingläser sollte frei sein von Fremdgerüchen.

Chardonnay

Elsaß

Rosé

Weißer Burgunder

Die richtige
Lagerung

Es tut weh: Sie schenken einem Bekannten ein gutes Tröpfchen und nach ein paar Wochen treffen Sie Ihre Flasche, aufgestellt in einem Regal, gewärmt von der Sonne mit ausgetrocknetem Korken wieder. „In zwei Wochen hat meine Frau Geburtstag, da wollen wir den Wein genießen!!" ist die Antwort Ihres Bekannten auf Ihren entsetzten Blick zum Wein. So etwas gibt es wirklich, deshalb ist es mir ein persönliches Anliegen auch etwas über die Lagerung und die Trinktemperatur zu schreiben.

Weine - egal ob rot oder weiß, ob alt oderjJung - sollten grundsätzlich liegend, in einem dunklen Raum gelagert werden. Lagern Sie den Wein stehend, besteht nach kurzer Zeit die Gefahr, daß der Korken austrocknet und brüchig wird. Der Wein oxidiert!

Die Temperaturen sollten, wenn möglich keinen großen Schwankungen unterliegen und zwischen 8°C und 12°C, höchstens 15°C sein.

Der Raum muss sauber und gut belüftet sein. Öl, Farben, Zwiebeln oder sonstige geruchsstarke Dinge lagern Sie besser in einem anderen Raum.

Die Luftfeuchtigkeit hat mit 70% - 80% den Idealwert. Bei zu feuchten Kellerräumen besteht die Gefahr der Schimmelbildung, bei zu trockenen Räumen kann der Korken austrocknen - der Wein oxidiert.

Wie lange kann ein Wein gelagert werden?

Die Lagerfähigkeit eines Weines hängt zuallererst von der Sorte, dem Jahrgang, der Qualitätsstufe und den analytischen Werten ab. Ebenso wichtige Lagerkriterien sind das Anbaugebiet, Rebsorte und die Leseart.

Woher aber soll ich das Wissen nehmen?

Kaufen Sie einen Wein in einer Weinhandlung oder direkt beim Erzeuger (Winzer oder Genossenschaft) werden Sie sicher gut beraten, wie lange Sie Ihren Wein lagern können.

Eine Faustregel

Um so höherwertiger der Wein (hohe Öchslewerte - Restsüße des Weines und je nach Alkoholgehalt, Säuregehalt, CO_2,...), um so langsamer ist der Reifungsprozess und um so länger sind dann die möglichen Lagerungszeiten.

Und wenn Ihr Keller dann den Anforderungen eines guten Weinkellers entspricht, haben Sie sicher viel Freude an Ihrem Wein.

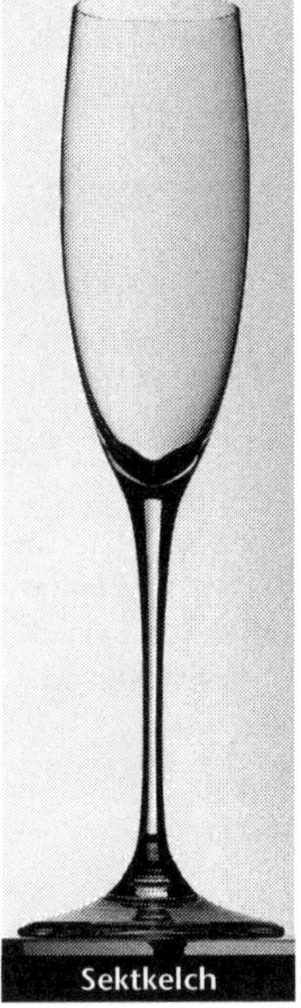

Sektkelch

Dekantierflasche

Mit freundlichen Dank der Firma WMF für die Bereitstellung der Gläser.

Das Bier

ES WÄRE EINE SÜNDE in Deutschland aufgewachsen zu sein und nichts über das viel geliebte Bier zu schreiben.

(altes Sprichwort, schon in der Wartburg bei Eisenach als Wandspruch)

Bier-Geschichte

Das Bier hat wie der Wein eine lange Geschichte.
Die Menschen gaben vor ca. 10.000 Jahren ihr Nomadenleben als Jäger und Sammler auf und ließen sich immer mehr in geschlossenen Gemeinschaften nieder. Zu dieser Zeit begann der Mensch mit dem Ackerbau, dem Anbau von Getreide.

Im Buch „Bier international" von Michael Jackson, über die Entstehung des Bieres:
„In der von der University of Pennsylvania herausgegebenen Zeitschrift Museum Magazin of Archaeology and Anthropology bezeichnete Professor Solomon Katz im Jahr 1986 eine Reihe von Tafeln in sumerischer Sprache als das älteste Rezept der Welt.
Diese alten Darstellungen mit Piktogrammen, die sichtlich Gerste bedeuten, zeigen, wie Brot gebacken und dann in Wasser eingeweicht wird, so dass eine Maische entsteht, aus der ein Getränk gewonnen werden konnte, von dem es heißt, dass sich die, die es genossen, erheitert, wonnevoll und glückselig fühlten."
Bis zum heutigen Tage gilt das Bier als eine geliebte und gerne getrunkene Gabe Gottes.
Der Pro-Kopf-Verbrauch lag 1998 bei 127,4 Liter.

Biertulpe

Derzeit werden in Deutschland 1.283 Brauereien betrieben, die etwa 5.000 Biermarken herstellen.

Beim Bier wird in erster Linie in zwei Kategorien unterteilt:

Biersorten

1. Untergärige Biersorten:
Kontinentales Lagerbier, Pilsener, Exportbier, Märzenbier, Edelpils und Edelexportbier, Spezialbier/ Festbier, ebenso Bockbier und Doppelbockbier.

2. Obergärige Biersorten:
Weizen-, Kölsch- und Altbier, sowie die englischen Biere Ale und Stout.

Bei untergärigen Biersorten wird dem Bier etwa 0,5 Liter Bierhefe je Hektoliter Würze hinzugegeben, diese setzt sich nach der Vergärung des Extrakts auf dem Boden der Gärgefäße ab.
Die untergärigen Biere werden bei Temperaturen zwischen 5 und 9°C in einer Zeit zwischen sieben bis neun Tagen bis zu einem Vergärungsgrad von etwa 70% vergoren.
Die anschließende Kaltreifung bei fast 0°C findet in der Brauerei in Tanks statt, in denen das Bier gelagert wird, deshalb die Bezeichnung Lagerbier.
Die Dauer der Kaltreifung variiert von vierzehn Tagen (England/Amerika) bis zu neun Monaten (untergäriges Starkbier).

Die sogenannten Lagerbiere haben einen Alkoholgehalt von etwa 3,5% Vol. und 4,5% Vol., bei den dunklen Bieren wie z.B.: Spaten Dunkel Export, können es jedoch bis zu 7% Vol. und mehr sein. Nach dem Filtrieren und Abfüllen des untergärigen Bieres in Flaschen oder Transportfässer ist das Bier „trinkreif", es entfaltet seinen Charakter nicht weiter aus.
Bei obergärigen Bieren wird mit 0,2 Liter obergäri-

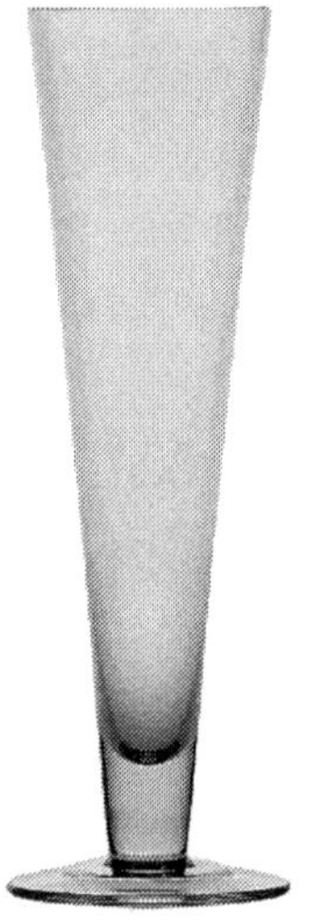

Pilsstange

145

ge Hefe je Hektoliter Würze vergoren, wobei diese sich an die Oberfläche des vergorenen Jungbieres absetzt und dort abgehoben wird.

Die obergärigen Biere werden drei bis vier Tage bei Temperaturen um die 20°C, Mitglieder der Ale-Familie zwischen 15 bis 25°C, vergoren. Es wird empfohlen, ein solch warmvergorenes Bier auch in dieser Temperatur zu trinken, es sei denn, es wurde nach der Warmgärung noch eine bestimmte Zeit einer kühleren Reifung unterzogen, dann ist dieses Bier eher gekühlt zu empfehlen.

Ein durch Wärmegärung entstandenes Bier ist meist fruchtig, oft auch sehr komplex in Bezug auf das Aroma und den Geschmack des Bieres.

Der Bitterstoffgehalt ist bei den verschiedenen Biertypen unterschiedlich hoch, ebenso der Anteil an noch vergärbaren Zucker.
Dunkle Biere vom Münchnertyp sind schwach vergoren, dextrinreich und wenig bitter, während Pilsner Biere hochvergoren und eher kräftig/bitter sind.

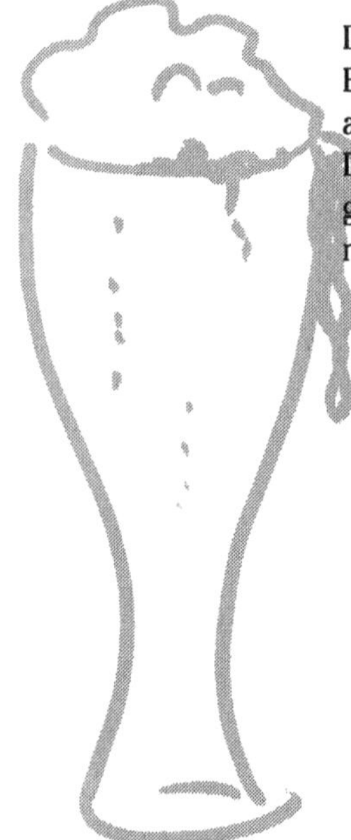

Kochen & Essen mit Bier

OB BIER MIT FLEISCH ODER MIT FISCH, ob Käse oder Wurst, ob Salat oder Dessert, heute ist nichts mehr unmöglich, nein, ich würde sogar sagen durchaus probierenswert.

Nicht nur in Belgien und Frankreich wird mit Bier in allen Variationen gekocht, auch in Deutschland wird das Kochen mit Bier zunehmend aktueller. Dass Fleisch mit Bier zart gemacht, gebeizt und glasiert werden kann, ist den meisten von uns schon bekannt, zumindest wenn wir an ein saftiges Spanferkel vom Grill denken, das regelmäßig mit Bier übergossen, ein leckerer Genuss ist. Hierzu wird dann natürlich auch ein kräftigeres Bier getrunken. Bier eignet sich aber auch sehr gut zum Dünsten, zum Schmoren oder als Grundlage einer Suppe. Kaum vorstellbar, aber sehr fein ist Bier als Zugabe von Soufflés (treibt und lockert), zu Teig (Bierbrot) und Pudding.

Als einer der bekanntesten Bierköche wird immer wieder der flämische Koch Raoul Morleghem benannt. Er bekochte in den Fünfziger Jahren die Staatsoberhäupter in Belgien. Von ihm inspiriert, stellten zwanzig belgische Köche gemeinsam ein Kochbuch mit dreihundert Rezepten zusammen (Titel: „La Cuisine au pays de Gambrinus").

Welches Bier zu welchem Essen?

Hier ein paar Tipps zum Trinken und Kochen, einfach und gut:

Bier als Aperitif

Im Elsass öfters zu finden, ist das Bier mit einem Schuss „Framboise" (Himbeersaft). Eine durchaus angenehme Art und Weise den ersten Durst zu löschen und den Magen auf ein gutes Essen einzustimmen.

Suppe

Es ist ein Versuch wert: Würzen Sie Ihre Zwiebel-Käse-Suppe doch mal mit einem „Schuss" Bier. Hierzu empfehlen sich vor allem die würzigeren Biersorten wie Chimay Rouge, Chimay Blanche (aus Belgien/Trappistenbier) oder sonst eines der würzigen Abteibiere.

Spargel

Mit Schinken und Rührei, dazu getrunken ein Trappisten-Tripel, fruchtig und korianderwürzig.

Fisch

Ein hopfiges Pils, ob dazu getrunken oder als Zutat in der Soße, kann ohne weiteres einen trockenen Weißwein ersetzen.

Hühner-oder Schweinefleisch

Fleischarten mit einem leicht süßen Geschmack harmonieren recht gut mit einem malzigem Bier, wie zum Beispiel einem Dortmunder, einem Festbier oder einem Lagerbier.

Grillgerichte

Dazu, man kann es sich denken, gehört ein Rauchbier, als Alternative auch ein herbes Porter oder ein Stout mit gebranntem Geschmack.

Wurst, Geräuchertes

In diesem Fall ist es nicht so einfach, da in Deutschland die Wurstvielfalt sehr groß ist. Deshalb hier nur ein kleiner Auszug von vielen Möglichkeiten.

Zur klassischen Weißwurst gehört auch ein klassisches süddeutsches Helles oder ein Weizenbier. Zur Mettwurst, wie könnte es anders sein, empfiehlt sich ein Kölsch oder ein Alt. Zur Salami ein würziges Lagerbier und zu Gerauchtem ein Rauchbier.

Salat

Nicht nur zum Salat getrunken, sondern auch als Dressing eignet sich ein säurehaltiges Bier sehr gut, dies wäre z.B.: eine Berliner Weiße oder ein echtes Gueuze. Mit einem Framboise kann man auch feine, interessante Himbeer-Vinaigrette zubereiten.

Dessert

Kaum zu glauben, aber das Bier als edler Gerstensaft macht auch im Bereich der süßen Träume keinen Halt.

Ob Weizenbiere, belgische „Blanches" (mit Orangengeschmack) zu Obstkuchen oder ein dunkles Lagerbier zu Nougat-Schokolade, ebenso wie Sorbets aus hellem Starkbier Jubilator und Schokoladentrüffel mit flämischen Braunbier das Bier kennt keine Grenzen.

P.S. Kleine Anmerkung: „Gehen wir nachher noch ein Bier trinken?", dieser Satz ist sicher allen gut bekannt und viele von uns haben „Ihr Bier", das sie regelmäßig trinken. Vielleicht habe ich Sie jetzt ein wenig neugierig gemacht und Sie bestellen morgen einmal ein „anderes Bier" und merken, es ist wie beim Wein: Der passende Moment zum passenden Getränk – auch beim Bier!

(weitere Buchtipps zum Thema „Kochen mit Bier" bei den Buchempfehlungen

Kurz und Knapp

Sie haben jetzt Informationen über Körperhaltung und Kommunikation, über Essen und Trinken und vieles mehr gelesen.

Das ist der erste Schritt zu einer Persönlichkeit mit Stil, aber sicher nicht der „letzte".
Sich zu informieren ist der Anfang – es zu leben ein ganzes Lebenswerk!

Zum Schluss

AM ENDE DIESES BUCHES über Persönlichkeit mit Stil, möchte ich gerne noch ein paar Worte über die Bedeutung „Persönlichkeit" anhängen.

Jeder Mensch besitzt eine eigene Persönlichkeit, einen eigenen Charakter und jeder von uns setzt sich Ziele in seinem Leben und versucht diese zu erreichen.

Den Wenigsten ist der Erfolg im Leben, ob nun privat oder im Beruf, in die Wiege gelegt worden. Dennoch gibt es heutzutage viele Mittel und Wege, sich Wissen und Können auf den verschiedensten Gebieten anzueignen.

Doch Wissen und Können allein reichen für den Erfolg nicht aus. Vor allem ist die Art und Weise wie wir dieses anwenden und weitergeben können von großer Bedeutung.

Um ein Ziel zu erreichen, ist es notwendig die Sache selbst, und sich als Person immer wieder aufs Neue zu hinterfragen. Keiner ist perfekt und keiner weiß alles, aber schon sich darum zu bemühen und etwas dafür zu tun heißt, dem Ziel näher zu kommen.

Dazu gehört selbstverständlich auch die Art und Weise wie wir mit Niederlagen im allgemeinen umgehen.

Haben Sie die Kraft aus Negativem Positives wachsen zu lassen oder werden Sie von Unregelmäßigkeiten gleich aus der Bahn geworfen (Ist Ihr Glas halb leer oder halb voll?).

Wenn Sie heute eine Annonce in der Zeitung lesen „Manager gesucht...", wird außer Fachwissen eine Menge zusätzlicher Fähigkeiten erwünscht. Worte wie: Führen, Leiten, selbständiges Entscheiden, Organisieren, Sozialkompetenz, Sprachgewandtheit, sicheres Auftreten ...
und nicht zuletzt PERSÖNLICHKEIT.

Jeder von uns hat eine Persönlichkeit, doch nicht alle sind Persönlichkeiten.
Und Persönlichkeit mit Stil?
Die hat zugegebenermaßen auch nicht jeder, ist aber durchaus erlernbar, wenn man es möchte.
Ein Beispiel wie, zeigt George Bernard Shaw in seinem Theaterstück „Pygmalion", die Vorlage für das Musical „My fair lady". Dort wird gezeigt wie aus einer Großstadt-Göre eine repräsentative Dame von Welt „gemacht" wird.
Natürlich ist es nicht mit einem Buch oder einem Schnellkurs getan, es braucht immer mehr als „nur" Fachwissen oder „nur" einem schönen Gesicht. Persönlichkeit ist das, was uns als Ganzes ausmacht. Persönlichkeit ist nicht nur die Maske oder die Larve, sondern unsere innere Einstellung, unser offenes Interesse an allem was uns geboten wird. Ob Geschichte oder Zukunft, ob Wissenschaft oder Politik, ob Tradition oder Technik, seien Sie offen für Altes und Neues, nehmen Sie Kritik als Chance weiter zu kommen und hören Sie nie auf zu lernen.
Achten Sie den Menschen, den Sie gerade vor sich haben und seien Sie stolz auf jeden kleinen Schritt, den Sie nach vorne gehen, dann werden Sie spüren: Persönlichkeit mit Stil ist etwas Greifbares, etwas sehr Schönes und es ist unabhängig davon, woher man kommt oder wohin man geht. Es hängt einzig und allein davon ab, wie man lebt.

Bianca Bart

Alle guten Grundsätze sind in der Welt vorhanden, man braucht sie nur anzuwenden.

(Blaise Pascal)

Stichwort verzeichnis

Stichwort verzeichnis

Haberkorn, Kurt: Achtundachtzig Tips für erfolgreiche Redner
EXPERT VERLAG, ISBN: 3-8169-1129-3

Hofmeister, Roman: Das neue Handbuch Rhetorik.
SEEHAMER VERLAG, ISBN: 3-929 626-65-9

Commer, Heinz / Grünther, Lydia: Clever reisen (Tips und Regeln für Manager unterwegs)
MODERNE INDUSTRIE, ISBN: 3-478-367 10-7

Hanks, Kurt: Die Kunst der Motivation
UEBERREUTER WIRTSCHAFT, ISBN: 3-8000-9179-8

Bornstedt, Arthur: Schwierige Briefe (Reklamation,Beschwerde, Widerspruch)
FALKEN VERLAG, ISBN: 3-8068-2298-0

Dietze, Ulrich: Reklamationen als Chance nutzen
MODERNE INDUSTRIE, ISBN: 3-478 240 20- 4

Wolff, Inge: Der moderne Brief. (Anleitungen, Tips und viele Musterbriefe).
URANIA VERLAG, ISBN: 3-332-00681-9

Saxer, Umberto: Bei Anruf Erfolg.
UEBERREUTER WIRTSCHAFT, ISBN: 3-7064-0648-9

Brunbauer, Babsi / Ebeling, Peter: Das Einmaleins des Telefonierens.
HSIGNUM VERLAG, ISBN: 3-85436-172-6

Müller, Marianne / Mikolasek, Ota: Servietten falten (80 Ideen für schön gedeckte Tische)
FALKEN VERLAG, ISBN: 3-8068-1042-7

Endress, Angela Francisca: Wunderschön gedeckte Tische
Bassermannsche Buchhandlung, ISBN: 3-8094-0699-6

Das große Weinbuch. essen und trinken. Vom Weinliebhaber zum Weinkenner
(Wein beurteilen, einkaufen und genießen)
Naumann und Goebel, ISBN: 3-625-109 64-6

Ehrlich, Dagmar: Das Wein-ABC, GRAEFE U UNZER, ISBN: 3-7742-4111-2

Jackson, Michael: Bier International. HALLWAG VERLAG, ISBN: 3-444 105 40-1

Bier zum Trinken und zum Kochen. (Leckeres aus dem beliebten Gerstensaft)
UNIPART MEDIA GmbH, ISBN: 3-897 55-483-6